Cómo desarrollar la empatía en los niños

CLAUDE-SUZANNE DIDIERJEAN-JOUVEAU

Cómo desarrollar la empatía en los niños

Oxitocina, cuidado maternal, meditación…

Editorial OB STARE

Puede consultar nuestro catálogo en www.obstare.com

CÓMO DESARROLLAR LA EMPATÍA EN LOS NIÑOS
Claude-Suzanne Didierjean-Jouveau

1.ª edición: mayo de 2022

Título original: *Développer l'empathie chez les enfants*

Traducción: *Susana Cantero*
Corrección: *M.ª Ángeles Olivera*
Maquetación: *Marga Benavides*
Diseño de cubierta: *TsEdi, Teleservicios Editoriales, S. L.*

© 2019, Claude-Suzanne Didierjean-Jouveau
Éditions Jouvence S. A.
www.editions-jouvence.com
Libro publicado por acuerdo con Éditions Jouvence S. A.
a través de Yáñez, parte de International Editors' Co. Agengia literaria
(Reservados todos los derechos)
© 2022, Editorial OB STARE, S. L. U.
(Reservados los derechos para la presente edición)

Edita: OB STARE, S. L. U.
www.obstare.com | obstare@obstare.com

ISBN: 978-84-18956-10-2
Depósito Legal: TF-228-2022

Impreso en SAGRAFIC
Passatge Carsí, 6 - 08025 Barcelona

Printed in Spain

«*Tenemos la maravillosa capacidad de habitar el cuerpo de los demás*».

FRANS DE WAAL, *Le bonobo, Dieu et nous*

Preámbulo

En 2015, tuve ocasión de ver en France 5 el documental de Valeria Lumbroso *Entre toi et moi, l'empathie*. Me pareció tan apasionante que me entraron ganas de profundizar en el tema.

Escribí varias crónicas sobre el tema en la revista *Grandir autrement*, y aquí estoy escribiendo un pequeño tratado práctico sobre esto.

Si, como piensa el primatólogo y etólogo Frans de Waal (se hablará mucho de él en este libro), **la empatía deriva de la atención materna**, es lógico que el tema me interese, porque es coherente con mis preocupaciones acerca del cuidado maternal, paternal, del bebé y las relaciones padres e hijos. ¡Sin empatía no es posible nada de esto!

¿Qué es la empatía, si no la capacidad de sentir lo que el otro siente sin dejar de ser uno mismo? Esta capacidad ¿es innata o adquirida? ¿Es propia del ser humano o común a todos los mamíferos, e incluso a todo lo que está vivo? ¿Cómo se puede potenciar, especialmente en los niños? ¿Puede ser destruida? ¿Qué hay que hacer para que englobe a más personas, además de a nuestros «allegados»?

A todas estas preguntas era a las que trataba de responder el documental, consultando a cierto número de investigadores y detallando cierto número de experimentos. Y a esas preguntas es a las que voy a intentar responder yo aquí, en particular, hablando de esos estudios y experimentos.

Introducción

Unas cuantas definiciones

Empatía, simpatía, compasión, altruismo… Todas estas palabras se utilizan a veces indistintamente para hablar de lo mismo. Yo, a su vez, las usaré todas en algún momento, aunque remiten a conceptos en cierto sentido distintos. Empecemos, pues, por algunas definiciones.

La empatía (traducción de la palabra alemana *Einfühlung*, que significa «sentido desde el interior») es la capacidad de comprender, de sentir los sentimientos de otra persona.

«La voluntad de comprender al otro desde el interior, sabiendo que nosotros no estamos en él», como afirma el psicólogo Jacques Lecomte.

Para el investigador de biología Jean-Claude Ameisen, la empatía es «esa capacidad ancestral que tenemos de leer en el cuerpo de los demás aquello que les atraviesa la mente; sus emociones, sus gozos, sus miedos, sus intenciones y los dolores que expresan su rostro, sus miradas y sus gestos», «la capacidad de ponerse en el lugar de los demás, de vivir lo

11

que ellos viven, de adivinar sus expectativas, de adelantarnos a ellos, de proyectarnos a su presente y a su futuro, sabiendo que no se trata de nosotros, sino de ellos».[1]

Simpatía y **compasión** tienen la misma etimología: el griego **cruµ-πaosta**, *sympatheia*, «participación en el sufrimiento del prójimo» en el caso de la primera; y el latín ***cum patior***, «sufro con», en el de la segunda. Así pues, no sólo se trata de reconocer los sentimientos, las emociones y las sensaciones del otro, sino de participar en ellos, de preocuparse por ellos, de implicarse, y, en caso de sufrimiento, buscar los medios para remediarlo.

En **el altruismo** reside, asimismo, la noción de actos realizados en beneficio del prójimo, pero a ello se añade la idea de que estos actos, ***a priori***, son desinteresados y no aportan beneficio alguno a quien los ejecuta. Daniel Batson, catedrático emérito en el departamento de psicología de la Universidad de Tennessee, ve, como explicación para la motivación altruista, la preocupación empática.[2] La empatía sería, pues, el sentimiento previo imprescindible para cualquier acción altruista.

El psicólogo estadounidense Paul Ekman ha podido demostrar que en el mundo entero se reconocían siete emociones, fuera cual fuese la sociedad y su cultura: ira, miedo, sorpresa, desprecio, alegría, asco y tristeza. Dado que el reconocimiento de la emoción que experimenta el otro está en la misma base de la empatía, si estas emociones son reconocidas por todos los seres humanos, eso quiere decir que la capacidad de empatía es universal.

---

1. *France Inter*, 14 de julio, 2018. *Véase* Recursos.
2. En el documental exhibido en Arte, 2015: *Vers un monde altruiste?*

Las tres etapas de la empatía

Para el psiquiatra y psicoanalista Serge Tisseron, «la empatía hacia los demás se construye en tres etapas. **La empatía afectiva** es la primera que aparece, hacia la edad de un año. Es la capacidad de identificar las emociones de los demás, en especial a través de su mímica. Por ejemplo: "Veo que sonríes, así que estás contento". A continuación, hacia la edad de cuatro años y medio, viene la comprensión de que el otro tiene una vida mental diferente de la nuestra: "Veo que estás contento y comprendo por qué". Es la capacidad de ponerse intelectualmente en el lugar del otro, o **la empatía cognitiva**. Este proceso desemboca, por último, entre los ocho y los doce años, en lo que Martin Hoffman denomina **la empatía madura**, la capacidad de ponerse emocionalmente en el lugar del otro: "En tu lugar, yo también estaría contento". Dentro de esta forma de empatía completa, se asocian las componentes afectivas y cognitivas. Las imágenes cerebrales revelan en ese momento numerosas conexiones entre las zonas posteriores, sede de las emociones, y las áreas frontales en las que opera la empatía cognitiva».[3]

Para terminar, llegamos a la **solicitud empática**, que nos incita a atender al bienestar del otro y a la que podemos asimilar con el altruismo.

---

3. «Les pièges de l'empathie», entrevista con Serge Tisseron, *Sciences humaines*, 2017, www.scienceshumaines.com/les-pieges-de-lempathie-encretien-avec-serge-tisseron_fr_38215.html

I.

La empatía, por todas partes en todo lo que está vivo

La capacidad de sentir lo que siente el otro y de actuar en consecuencia no parece reservada a los humanos adultos modernos que somos nosotros. La encontramos ya desde la prehistoria, así como en los bebés, entre los animales y, quizá, incluso... en las plantas.

Ya en la prehistoria

Para la prehistoriadora Marylene Patou-Mathis, el presunto salvajismo de los prehistóricos es tan sólo un mito forjado en el transcurso de la segunda mitad del siglo XIX y a principios del XX.[1] Son muy poco frecuentes las marcas de heridas producidas por un acto de violencia encontradas en osa-

---

1. Véase su libro *Préhistoire de la violence et de la guerre* (Odile Jacob, 2013).

mentas de *Homo sapiens* antes de los inicios del Neolítico: ¡un poco menos de una docena!

Sí hallamos, en cambio, numerosos ejemplos que muestran que los hombres prehistóricos practicaban alguna forma de altruismo: «Se ha descubierto en el yacimiento de Atapuerca (norte de España) un *Homo heidelbergensis* [una especie extinguida del género *Homo*] datado en unos 500.000 años.[2] Las deformaciones de su esqueleto muestran que sólo pudo sobrevivir hasta unos 45 años gracias a los cuidados que le prodigaron los suyos».[3]

> **Ejemplo**
>
> En ciertos casos, las heridas se produjeron mucho antes del fallecimiento y, por consiguiente, exigieron una vigilancia y una atención por parte de terceros hacia la fiebre y los cuidados de higiene. Para la antropóloga, los resultados «permiten pensar que los neandertales atendían a los demás sin esperar nada a cambio, y reaccionaban al sufrimiento de sus allegados».[4]

Se ha encontrado el mismo tipo de huellas en el hombre de Neandertal, que, por consiguiente, no era la bestia tosca

---

2. Es decir, antes incluso de la aparición de *Homo sapiens* (unos 300.000 años).
3. Maurel, Olivier: «L'homme est-il un loup pour l'homme ?», *Peps magazine*, n.º 16, 2016.
4. Spikins, P. et al.: «Calculated or caring? Neanderthal healthcare in social context», *World Archaeology*, 2018, en línea el 22 de febrero, www.tandfonline.com/doi/full/10.1080/00438243.2018.1433060

que durante mucho tiempo creímos que era. Los trabajos realizados por la antropóloga británica Penny Spikins y sus colegas de la Universidad de York han mostrado, gracias al examen de numerosos restos de neandertales, que éstos cuidaban a los heridos y a los enfermos.

Valérie Delattre,[5] especialista en prácticas funerarias, se ha interesado también por la atención a las discapacidades en las sociedades antiguas. Excavando sepulturas, puede saber «si un esqueleto presenta minusvalías, y, en función del emplazamiento de su tumba, se ve si la persona estaba integrada o no, tenemos acceso al vínculo que la asociaba con sus contemporáneos». Ya 200.000 años antes de nuestra era encontramos «huellas de cuidados, de cirugía, de aparatos con prótesis que podían ser de madera, de tejido y, más tarde, de metal». La arqueóloga ha constatado que «el hecho de sufrir una discapacidad no era forzosamente invalidante para el estatus social». El neandertal se hacía cargo de los niños discapacitados; prueba de ello es un hidrocéfalo en Qafzeh, en Israel: «[…] se encontraron en una misma tumba un esqueleto de un niño con malformaciones y un esqueleto de adulto, lo cual significa que, si se acompaña en la muerte, también se acompañaba en vida».[6] ¡La doctora habla de **paleocompasión**!

---

5. Es arqueo-antropóloga en el INRAP (Instituto Nacional de Investigaciones Arqueológicas Preventivas). Ha escrito *Handicap: quand l'archéologie nous éclaire* (Le Pommier, 2018).
6. «Nous avons tous besoin d'un autre secourable», Forum Libération, 29 de noviembre, 2018, www.liberation.fr/la-sante-a-coeur-ouvert/2018/11/29/ nous-avons-tous-besoin-d-un-autre-secourable_1695017

Desde siempre, la empatía está en la base del *care*, del «cuidar de» las personas vulnerables; volveremos sobre esto.

En los bebés

Ya desde los primeros meses, el bebé es capaz de diferenciar las expresiones del rostro del otro, según exprese alegría o tristeza, por ejemplo. Es capaz de imitar al adulto que sonríe, frunce las cejas o saca la lengua, y esto prácticamente desde los primeros días.

¿Es eso ya empatía? En todo caso, es una suerte de comunicación, y el pequeño que sonríe (mucho antes de lo que durante mucho tiempo se ha creído) no sonríe «a los ángeles» en el vacío: sonríe porque le sonríen a él, y, de inmediato, asocia la sonrisa a algo agradable.

Las investigaciones realizadas desde hace varios años en el Instituto Max Planck[7] y en otros lugares sobre niños «reclutados» en la maternidad que participaban a lo largo de todo su crecimiento en un programa de investigación dan al traste con la visión de un niño egoísta, centrado únicamente en la búsqueda del placer, que ha predominado durante mucho tiempo en psicología infantil.

Ha habido experimentos[8] que demuestran que bebés de seis meses, tras haber asistido a un espectáculo de marionetas, elegían en un 85 % la marioneta que había tenido un

---

7. Instituto Max Planck para las Ciencias Cognitivas y Cerebrales Humanas, situado en Leipzig, Alemania.
8. Hamlin, J. K.; Wynn, K.; Bloom, P.: «Social evaluation by preverbal infants», *Nature*, 450 (7169), 2007, págs. 557-559.

«buen» comportamiento, que había «hecho bien» a las demás marionetas.

El mismo equipo de investigadores (Universidad de Yale) repitió el experimento con niños aún más pequeños. Con éxito.[9] A bebés de tres meses se les mostró un vídeo en el que una bola provista de grandes ojos (*googly eyes* o *jiggly eyes*) sube con mucho esfuerzo una cuesta bastante empinada. Después entra en escena un triángulo y acude en su ayuda empujándola por detrás. Finalmente interviene, a su vez, un cuadrado que empuja la bola hacia abajo, haciendo que se despeñe hasta abajo de la pendiente. Cuando después se les muestran los dos personajes a los bebés (el triángulo o el cuadrado), prefieren mirar (*gaze*) a los personajes que ayudan más que a los que perjudican.[10]

Ya con quince meses, los niños impiden que se rasgue un dibujo realizado por otro niño.

Ya con dieciocho meses ofrecen su ayuda de manera espontánea a un adulto del que perciben que tiene dificultad para realizar una tarea. ¿Lo hacen para llamar la atención, por deseo sincero y espontáneo de ayudar al otro, o para que los vean? Y, si esto exige más esfuerzos, ¿continúan ayudando los niños? Esta vez, el niño se está divirtiendo en una piscina de bolas. ¿Se levantará y ayudará (a recoger una pinza de la

---

9. Hamlin, J. K.; Wynn, K.; Bloom, P.: «3-month-olds show a negativity bias in their social evaluations», *Dev. Sci.,* 13 (6), 2010, págs. 923-929.

10. Todos estos experimentos realizados sobre los bebés, que aún no han adquirido el lenguaje, utilizan el método desarrollado por Renée Baillargeon (Cognition Laboratory, University of Illinois) y sus colegas en la década de 1980, basado en la constatación de que los bebés mantienen «mensurablemente» la mirada durante más tiempo cuando se producen acontecimientos que desafían sus expectativas.

ropa, a abrir un armario…)? Sí: incluso cuando su acción no implica ningún beneficio, el niño da muestras de altruismo.

Ejemplo

Alma, una niña de tres años, sentada en las rodillas de su padre, está viendo una escena en una pantalla de vídeo que mide la dilatación de sus pupilas (el grado de dilatación indica el grado de agitación del niño). La ayudante de investigación deja caer «accidentalmente» un cubilete y da a entender que necesita ayuda para recogerlo. Alma, que sabe que la escena que está viendo en la pantalla transcurre «de verdad» detrás de la pantalla, acude de manera espontánea a recoger el objeto.

En un segundo momento, se reproduce la misma situación, pero el padre ha recibido la consigna de sujetar a Alma. La dilatación de sus pupilas se multiplica por tres: el hecho de no poder aportar su ayuda suscita en ella una gran agitación. En cuanto el padre afloja su sujeción, Alma corre a recoger el objeto y sus pupilas recuperan una dilatación normal. Hecho interesante: la niña queda también satisfecha si a la mujer adulta la ayuda otro. Lo que le importa, pues, es que el otro reciba la ayuda necesaria.

En otro experimento, a unos niños se les ofrece una recompensa y a otros no. Un número muy grande de niños que anteriormente no habían recibido recompensa continuaban ayudando, mientras que los que sí habían sido recompensados ayudaban ahora de peor gana. Para el investigador, «es increíble, han perdido el placer natural, porque se les ha recompensado sin razón».

¿Qué madre no ha visto a su hijo mayor de dieciocho meses o de dos años venir a señalarle que el bebé está llorando y que «necesita a su mamá»? Prueba donde las haya de que siente la desazón del bebé y quiere hacer algo para que cese.

Entre los animales

Entre los simios

Para Frans de Waal, que lleva decenios observando a los grandes simios (*véanse* sus obras en Recursos), parece difícil comprender los consuelos activos y las mediaciones atestiguadas entre los chimpancés y los bonobos sin emitir la hipótesis de que son capaces de reconocer las emociones o los objetivos de otro individuo y de evaluar sus efectos, así como los de su propia intervención. Es decir, que parecen tener una representación de lo que ocurre en la mente de los demás (*véase* la teoría de la mente).

Unos investigadores japoneses han demostrado, incluso, que, al igual que los bebés a los que nos hemos referido, los simios muestran aversión hacia aquellos de sus congéneres que no ayudan a nadie y eluden cualquier colaboración. ¡Ellos también elegirían el triángulo!

Entre otros mamíferos

No sólo se encuentran entre nuestros primos, los grandes simios, estas actitudes de «consuelo», en las que un individuo estresado (sea cual sea la razón) busca refugio junto a otro que le prodigará abrazos o actividades de aseo.

Un equipo formado, entre otros, por Frans de Waal (¡otra vez él!) las ha encontrado entre... campañoles de las praderas, pequeños rodeores sociales y monógamos.[11]

Ejemplo

Se coloca, juntos, a dos campañoles en una jaula durante 30 minutos. Después se saca a uno de ellos de la jaula y, durante los 24 minutos siguientes, o bien simplemente se le deja en otra jaula, o bien se le somete a una experiencia estresante (descargas eléctricas leves[12] y sonidos desagradables), hasta que, por último, se le vuelve a poner con el otro campañol. Éste, entonces, comenzará a asear al individuo que ha regresado, y lo hará durante mucho más tiempo cuando éste ha vivido una situación ansiogénica y muestra signos de estrés.

Para los investigadores, este comportamiento de aseo descansa, en efecto, en una forma de empatía, ya que el que realiza la actividad también muestra signos de estrés (autoaseo) en presencia del animal estresado (¿neuronas espejo?, *véase a continuación*), y esto es efecto de la **oxitocina**, la hormona de la sociabilidad, de la confianza y del apego, de la que volveremos a hablar.

---

11. Burkett, J. P., Andari, E.; Johnson, Z. V.; Curry, D. C.; de Waal, F. B.; Young, L. J.: «Oxytocin-dependent consolation behavior in rodents», *Science*, 351 (6271), 2016, págs. 375-378.
12. Veremos más tarde que muchos experimentos implican descargas eléctricas, ciertamente leves, pero aun así...

Otros experimentos han mostrado comportamientos altruistas en las ratas. Así, unos investigadores de la Universidad de Chicago[13] colocaron por parejas unas ratas en cautividad antes de meter a una de ellas en un pequeño tubo cerrado. A la otra rata se le dejaba la libertad de desplazarse por la jaula principal. Los investigadores no les enseñaron a las ratas a abrir la trampilla y no les dieron recompensa a cambio de la liberación de un prisionero. No obstante, al cabo de seis o siete días como media, las ratas consiguieron abrir la trampilla del tubo para liberar a su compañera.

Y cuando los investigadores colocaron un tubo que contenía chocolate junto al tubo en el que estaba encerrada la otra rata, la que estaba libre se afanó en liberar a su congénere antes de ir a por el chocolate. ¡Y en más de la mitad de los casos, lo compartió con la otra rata!

Ya en 1959, Russel Church había mostrado que unas ratas acostumbradas a accionar una palanca para obtener alimento dejaban de hacerlo cuando una congénere colocada al lado en otra jaula recibía una descarga eléctrica cada vez[14] que ellas accionaban la palanca.

Entre los lobos, los jóvenes tratan a los viejos con gran esmero. Al igual que a los heridos en la caza o por enfrentamiento con otra manada. En su libro *La sagesse des loups...*[15] Elli Radinger refiere haber visto a lobos regurgitar carne

13. Barral, I. B.; Decety, J.; Mason, P.: «Helping a cagemate in need: empathy and pro-social behavior in rats», *Science,* 334 (6061), 2011, págs. 1427-1430.
14. Church, R. M.: «Emotional reactions of rats to the pain of others», *Journal of Comparative and Physiological Psychology,* 1959; 52 (2), págs.132-134.
15. *La sagesse des loups. Comment ils pensent, s'organisent, se soucient les uns des autres,* Guy Trédaniel, 2018.

predigerida para un lobo viejo al que prácticamente no le quedaban dientes.

E incluso entre los pájaros, los reptiles, los insectos...
Para el biólogo estadounidense Bernd Heinrich, que lleva cerca de treinta años estudiando los córvidos, éstos dan muestras innegables de empatía.

Ejemplos

- Bernd Heinrich observó a unos cuervos que «compartían alimento, y aquellos que lo tenían, al parecer, se lo proporcionaban a los que se encontraban más necesitados. Ésta es la actitud que jamás haya atisbado yo en un sistema natural».[16]
- También se ha podido demostrar[17] que los arrendajos macho europeos (que, durante la parada nupcial, ofrecen alimento a la hembra) llegan a predecir las preferencias alimentarias de ésta. Si eso no es meterse en el cuerpo del otro...
- En un vídeo que ha dado la vuelta a la web se ve a una tortuga (¡que es un reptil!) atascada en una piedra recibiendo ayuda de otra tortuga para librarse de esa mala postura.[18]

16. Heinrich, Bernd: *Ravens in Winter*, Summit Books, 1989.
17. Kamil, A., «Eurasian jays predict the food preferences of their mates», *Proceedings of the National Academy of Sciences USA,* 11 O, 2013, págs. 3719-3720.
18. www.dailymotion.com/video/x3geq91

Para el neurólogo António Damásio, gran especialista en el papel que juegan las emociones en las tomas de decisión, «para sentir ira, compasión, esperanza y empatía sólo se necesita un tronco cerebral, que el hombre comparte con el conjunto de los vertebrados».[19]

Esto parece también afectar a algunos invertebrados, puesto que entre ciertos insectos encontramos comportamientos que se pueden calificar de empáticos o de altruistas. Así fue como unos investigadores alemanes demostraron que «en combates con termitas, ciertas hormigas africanas recogen a sus heridos, los llevan al nido y los curan rápidamente».[20]

Damásio describe incluso comportamientos de colaboración entre bacterias. Para él, «es algo así como si cada uno de nosotros y cada parcela de nuestro ser pertenecieran a un mismo organismo gigantesco y tentacular, nacido hace 3,8 miles de millones de años».

Empatía interespecies

Muchas personas explican cómo han sido testigos de comportamientos de ayuda mutua, e incluso de «amistad», entre especies diferentes. Internet está lleno de historias y de vídeos sobre este tema.

---

19. «Le cerveau carbure aussi à l'émotion», *L'Obs*, 21 de diciembre de 2017.
20. Élise Nowbahari, profesora titular en la Universidad París 13 y especialista en el comportamiento de las hormigas, en *La tête au carré*, France Inter, 16 de enero de 2018.

Pienso, por ejemplo, en las «parejas insólitas» observadas por la bióloga Liz Bonnin en el documental homónimo, o en el montaje de vídeo *Animaux: drôles de couples.*[21]

Muchas veces se trata de animales que se han criado juntos desde cachorrillos. O de un adulto (con frecuencia una hembra, pero no siempre) de una especie que cuida a una cría de otra especie. Incluso, en ocasiones, de una especie que para él es una presa. O de una especie que forma parte de un grupo animal por completo diferente (¡véase, por ejemplo, la gata –un mamífero– que amamanta y cuida a unos patitos –aves– huérfanos en *Animaux: drôles de couples*!).

Y si hablamos de las relaciones entre seres humanos y animales, muchas personas que viven en relación cercana con animales pueden confirmar que éstos dan pruebas de empatía hacia ellas, y viceversa.

Ejemplo

Michèle: «La vida con Galice [mi perra] me ha enseñado a desentrañar sus necesidades, sus apetencias, su lenguaje, y me molesta constatar que ella me comprende a mí mucho más que yo a ella. Así pues, "animal doméstico" no es una palabrota. El perro es más que un observador de las relaciones humanas, es una auténtica esponja de emociones. Galice me asombra por su percepción de las situaciones y las personas».[22]

21. www.youtube.com/watch?v=jXZ6RpyV3LM
22. *Grandir autrement,* n.º 69, 2018.

El propio psicofisiólogo Hubert Montagner explica que «la capacidad [de los animales familiares] para descodificar las señales de los humanos y para ajustarse a sus conductas, así como su flexibilidad, generan el sentimiento, o la certeza, de que están en concordancia con las emociones y los afectos».[23]

En cuanto a Frans de Waal, en sus libros no deja de mostrar que los simios y los humanos tienen muchas emociones y numerosas expresiones en común.

¿Entre las plantas?

Los descubrimientos recientes sobre la inteligencia de las plantas y, en especial, de los árboles, permiten hacerse la siguiente pregunta: ¿tienen éstas alguna capacidad de empatía, aunque sea con sus «parientes»? El especialista italiano en neurobiología vegetal Stefano Mancuso plantea la pregunta en su libro *L'intelligence des plantes*:[24] «El descubrimiento de comportamientos altruistas en las plantas reviste una importancia decisiva, porque conduce a dos hipótesis, ambas igual de revolucionarias: o bien ese altruismo demuestra que las plantas son organismos mucho más evolucionados de lo que se pensaba hasta hace poco, **o bien es propio también de formas de vida primitivas**, en las que siempre hemos creído que prevalecían la competencia en estado puro y la victoria del más fuerte» (la negrita es mía).

---

23. *Grandir autrement*, n.º 69, 2018.
24. Escrito en colaboración con Alessandra Viola, Albin Michel, 2018.

En su best-seller *La Vie secrète des arbres*, el guardabosques Peter Wohlleben explica cómo el sistema radicular de los árboles, parecido a una red de Internet vegetal, les permite compartir nutrientes con los árboles enfermos. Y no sólo con ellos. Afirma lo siguiente: «Parece ser que los árboles se sincronizan de manera que todos tengan las mismas posibilidades de desarrollo [...]; los árboles compensan sus fragilidades y sus fortalezas. El reequilibrado se realiza en el suelo, a través de las raíces. El que tiene de sobra da con generosidad, y el que tiene dificultades para alimentarse recibe con qué mejorar su ración ordinaria». Para él, «ahora que sabemos que un árbol es sensible al dolor y tiene memoria, que hay padres-árboles que viven con sus hijos, ya no podemos derribarlos sin pensar, ni arrasar su entorno lanzando *bulldozers* al asalto de los bosques».

Experimento

En 2015, un equipo de investigadores de la Universidad de Buenos Aires, al observar a *Arabidopsis thaliana*, una planta que se estudia con frecuencia en los laboratorios de biología, descubrió que ¡reducía el tamaño de sus hojas para evitar hacerles sombra a sus vecinas cuando compartía con ellas un vínculo de parentesco!

¿Robots empáticos?

Para Serge Tisseron, «el diseño siempre ha procurado desviar hacia los objetos una parte de la empatía dirigida a los humanos. ¡Por qué no! Sólo que hay un salto cualitativo, que se acaba de producir, con los robots capaces de identificar nuestras emociones y hacernos creer que ellos también las tienen. Quizá un día la gente se sienta tranquilizada por un robot que le dé la ilusión de que la comprende mejor que su entorno. Una amenaza más para la empatía».[25]

Y también: «[Un robot] no tendrá más corazón que una lavadora, pero, a diferencia de ésta, será capaz de simular el afecto que todo ser humano espera de sus semejantes –o, cuando menos, de algunos de ellos–. ¡Y eso es lo que hará que tengamos ganas de comprarlo! En efecto, poco nos apetece albergar bajo nuestro techo una criatura de metal que nos derrote constantemente al ajedrez o al Memory, que nos pregunte si nos hemos tomado las medicinas y nos recuerde la hora de acostarnos. Así que no será la inteligencia de los robots la que se destacará para convencernos de que los compremos, sino su "corazón". La inteligencia artificial da miedo, la empatía artificial estará ahí para tranquilizarnos».[26]

Dotar a los robots de una «inteligencia social» artificial, darles la capacidad no sólo de simular emociones o suscitarlas en nosotros, sino también de detectar las nuestras y adaptarse a ellas –lo que Tisseron llama de manera acertada «empatía artificial»– permitirá, pues, lograr que se los acepte, hacerlos deseables e interesantes.

¡Tanto más cuanto que, en cambio, los humanos sí parecen totalmente capaces de experimentar empatía hacia ellos!

---

25. *Op. cit.*
26. *Le jour où mon robot m'aimera. Vers l'empathie artificielle,* Albin Michel, 2015.

Tanto las series televisivas como la industria de los video-juegos han empezado a jugar con esa idea de robots supuestamente empáticos.

Experimentos

- En un experimento,[27] a 40 voluntarios se les pidió que visionaran vídeos en los que un pequeño robot dinosaurio era sometido a diferentes tratos, buenos y no tan buenos. En algunos, un ser humano lo mimaba; en otros, le daban golpes o se caía desde lo alto. Al mismo tiempo, se medía la conductividad eléctrica de la piel de los espectadores (sabemos que en las situaciones ansiogénicas secretamos sudor, lo cual altera las propiedades eléctricas de la piel y aumenta su conductividad). Los participantes tenían, asimismo, que expresar sus emociones inmediatamente después del visionado. Los resultados muestran que las escenas de violencia se vivieron mal. Todos los participantes refirieron emociones negativas, y las medidas bioeléctricas confirmaban esas emociones, dado que había aumentado la conductividad.

- En un segundo experimento, 14 voluntarios visionaron vídeos en los que se suponía que esos tratos buenos o no tan buenos los sufrían, de manera alternativa, un robot y un ser humano. Si bien sus reacciones

27. «Les Hommes ont de l'empathie pour les robots», *Futura Sciences*, 2018, www.futura-sciences.com/sciences/actualites/science-decalee-science-decalee-hommes-ont-empathie-robots-46142/

eran las mismas en el caso de buenos tratos, en las situaciones violentas, la emoción, presente tanto frente a un robot como frente a un ser humano, parecía, a pesar de todo, más intensa cuando la víctima era un ser humano. ¡Ya nos quedamos más tranquilos!

Pienso, por ejemplo, en la serie de ciencia ficción sueca *Real Humans*, en la que se supone que unos humanoides experimentan sentimientos hacia los humanos a los que sirven, que también los experimentan hacia sus semejantes y que, en algunos casos, utilizan los sentimientos que los humanos pueden experimentar hacia ellos.

Asimismo, me viene a la mente el videojuego *Detroit: Become human*, en el que se supone que los androides descubren lo que implica ponerse en el lugar de otro, y en el que los jugadores, en todos los niveles, también tienen que meterse, a su vez, en la piel (y en la mente) de los personajes, tres androides, respectivamente policía, empleada doméstica y asistente personal.

II.

Pero ¿de dónde procede la empatía?

Lo que nos dice la imaginería cerebral

Los progresos recientes de las neurociencias nos permiten, a día de hoy, comprender lo que ocurre en nuestro cerebro cuando experimentamos empatía por los demás.

Para Tania Singer, directora del departamento de neurociencias sociales en el Instituto Max Planck, «la pregunta que constituye la esencia misma de las neurociencias sociales es ésta: ¿cómo hacer que entre otro cerebro en el mío, cómo comprender a los otros?».

Entender al otro, sentir sus emociones, sus alegrías, sus miedos e incluso su dolor. ¿Es visible esta percepción del otro en el cerebro? Ésta era la hipótesis de Tania Singer.

Experimento

Mientras sus colegas se ríen burlones y predicen que lo único que va a encontrar Tania Singer es un «cerebro vacío», la investigadora recluta a parejas jóvenes. Uno de los miembros sufrirá descargas eléctricas dolorosas en presencia del otro. ¿Qué ocurrirá en el cerebro del que ve sufrir a su cónyuge?

Lo que constata, gracias a la imagen cerebral, es que el dolor que sentimos nosotros mismos y la empatía que experimentamos activan las mismas redes:[1] sufrir o ver sufrir son, pues, lo mismo para el cerebro, el dolor de uno se convierte en el del otro. Nuestros cerebros están cableados para resonar con los demás.[2]

Otro investigador, Pavel Goldstein, de la Universidad de Colorado Boulder, ha observado también esta «sincronización de los cerebros» entre los dos miembros de una pareja, sincronización acrecentada cuando se cogen de la mano. Para los autores, los resultados «indican que tener cogida la mano durante el dolor aumenta la interacción cerebro-cerebro, que, a su vez, está en correlato con la amplitud de la analgesia y con la empatía del compañero. Es-

---

1. En el documental *Vers un monde altruiste?* se ve cómo se superponen las dos imágenes.
2. Pero el cerebro funciona de manera diferente si la persona no es alguien cercano, si no se la reconoce como «nuestro semejante» (*véase* el capítulo Cultivar la empatía para que no se limite a los más cercanos).

tos resultados aportan una contribución única a nuestra comprensión de los mecanismos fisiológicos de la analgesia ligada al tacto».[3]

Hasta donde yo sé, el experimento no se intentó con niños y sus padres, pero estoy segura de que este fenómeno existe también cuando un padre o una madre ve sufrir a su hijo… Nuestro cerebro está «cableado para estar en empatía».

Y esta capacidad de sentir lo que siente el otro conduce a actos reales. Así, si nos quedamos en la percepción del dolor del otro, podemos traer a colación una serie de experimentos, realizados hace unos treinta años, en los que se fingía que se administraba descargas eléctricas a una mujer joven. Cuando se les proponía a los espectadores que se marcharan o que ocuparan su lugar, ¡la mayoría aceptaba sustituirla!

Lo que nos dicen las neuronas espejo

Identificadas en la década de 1990 por el equipo de Giacomo Rizzolatti (director del Departamento de neurociencias de la Facultad de Medicina de Parma),[4] las neuronas espejo son «una categoría de neuronas del cerebro que presentan actividad tanto cuando un individuo (humano o animal) ejecuta una acción como cuando observa a otro individuo

---

3. Goldstein, P. *et al.*: «Brain-to-brain coupling during handholding is associated with pain reduction», *PNAS*, 115 (11), 2018, págs. E2528-E2537, www.pnas.org/content/115/11/E2528

4. Rizzolatti, G.; Folgassi, L.; Gallese, V.: «Les neurones miroirs», *Pour la Science*, n.º 351, 1999.

(en particular de su especie) realizar esa misma acción, o incluso cuando imagina tal acción; de ahí el término *espejo*».[5]

Observadas en un principio en el simio macaco y también en ciertos pájaros cantores, se descubrieron de manera irrefutable en los humanos en 2010.

Ejemplo

La parte anterior del lóbulo de la *ínsula* (una parte del córtex cerebral) está activa tanto cuando la persona experimenta asco como cuando ve a alguien que expresa asco.

Para Frans de Waal y otros investigadores en psicología, las neuronas espejo juegan un papel importante en la empatía, porque el sistema espejo de las emociones permite simular el estado emocional de los demás en nuestro cerebro y, por consiguiente, identificar mejor las emociones experimentadas por los individuos de nuestro entorno.

Para el neurocientífico Vilayanur S. Ramachandran, estas neuronas, a las que denomina «neuronas de Gandhi», directamente ¡«formaron la civilización»![6]

---

5. https://fr.wikipedia.org/wiki/Neurone_miroir. *Véase* el libro de Rizzolatti citado en los Recursos.

6. Véase su conferencia TED, «Les neurones qui ont formé la civilisation», www.ted.com/calks/vs_ramachandran_the_neurons_that_shaped_civiliza-tion

Lo que nos dice la genética

Debe distinguirse la «empatía cognitiva» (es decir, la capacidad de leer las emociones en el rostro del otro, y, en particular, mirándole a los ojos) de la «empatía afectiva», que consiste en reaccionar frente a esas emociones. Pero una no se da sin la otra: para reaccionar a las emociones del otro, en primer lugar, hay que poder reconocerlas. Ahora bien, parece que los genes están relacionados con esta capacidad.

Experimento

En un estudio realizado sobre más de 88.000 personas,[7] unos investigadores de la Universidad de Cambridge analizaron los resultados de un test de «lectura de mente» (Eyes Test).[8] Se presentan a los sujetos treinta y seis fotografías de ojos. En cada mirada hay que adivinar qué emoción expresan. ¿Ira? ¿Timidez? ¿Confianza?

Resultado: la capacidad para «leer la mente en los ojos» es diferente en cada uno, y sensiblemente mejor en las mujeres. Para explicar esto, los científicos identificaron un gen del cromosoma 3, el gen LRRN1, que exis-

---

7. Warrier, V. *et al.*: «Genome-wide meta-analysis of cognitive empathy: heritability, and correlates with sex, neuropsychiatric conditions and cognition». *Molecular Psychiatry*, 23, 2018, págs. 1402-1409, www.nature.com/articles/mp2017122

8. Pero quizá porque el gen LRRN1 se expresa, sobre todo, en el cuerpo estriado, una zona del cerebro implicada en la toma de decisiones, que parece ser más grande en las mujeres, que «leen mejor la mente».

te en varias variantes, algunas de las cuales están relacionadas con una mejor percepción de las emociones. Pero, por alguna razón aún desconocida,[9] sólo en las mujeres...

Otro estudio,[10] realizado por los mismos investigadores de la Universidad de Cambridge y otros del Instituto Pasteur, la Universidad París Diderot y el CNRS, y que utilizó los datos de más de 46.000 clientes de la sociedad 23andMe, quienes rellenaron en línea el cuestionario EQ (Cociente de Empatía) y facilitaron una muestra de saliva para análisis genético, reveló que, si bien algunos son más empáticos que otros (ya se trate de empatía cognitiva o de empatía afectiva), por lo menos una décima parte de esta variación está asociada a factores genéticos.

En 2012, unos biólogos estadounidenses identificaron el «gen de la amabilidad», estudiando la personalidad de 711 voluntarios que facilitaron una muestra de saliva para un análisis de ADN.[11] Aquellos que tenían en su genoma ciertas versiones de genes que realizaban la codificación pa-

---

9. Pero quizá porque el gen LRRN1 se expresa, sobre todo, en el cuerpo estriado, una zona del cerebro implicada en la toma de decisiones, que parece ser más grande en las mujeres, que «leen mejor la mente».

10. Warrier, V. *et al.*: «Genome-wide analyses of self-reported empathy: correlations with autism, schizophrenia, and anorexia nervosa», *Translational Psychiatry,* 2018, en línea el 12 de marzo.

11. Poulin, M. J. *et al.*: «The Neurogenetics of Nice: Receptor Genes for Oxycocin and Vasopressin Interact With Threat to Predict Prosocial Behavior», *Psychological Science*, 23 (5), 2012, págs. 445-452.

ra los receptores de esas dos hormonas, que son la oxitocina (más tarde volveremos sobre el papel de la oxitocina en la empatía) y la vasopresina, eran más proclives a llevar a cabo acciones caritativas y ayudaban a sus compañeros. Cabe pensar que experimentaban más empatía hacia los demás...

Los participantes que consideraban el mundo como una amenaza eran menos susceptibles de ayudar a los demás, excepto que tuvieran versiones de los genes asociados a la amabilidad: estas versiones permitían superar la percepción de amenaza y ayudar a los demás a pesar de los temores que se pudieran tener.

Lo que nos enseña la «teoría de la mente»

El día que descubrí la «teoría de la mente» se me quedó grabado en la memoria. Estaba visionando un documental en el que salían dos científicos trabajando con niños.

Desde entonces, he tenido conocimiento de otros experimentos que parecen mostrar que esta capacidad se adquiere antes de los 4 años. El experimento desarrollado por dos investigadores de la Universidad McGill de Illinois[12] indica que, ya con 15 meses, antes de la aparición del lenguaje, los niños parecen disponer de una «teoría de la mente».

Ahora bien, incluso si la noción de empatía comporta una dimensión emocional y afectiva, mientras que la «teoría de la mente» remite más bien a procesos cognitivos, se con-

---

12. «Quand l'enfant acquiert "la théorie de l'esprit"», *Sciences humaines*, octubre de 2005, www.sienceshumaines.com/quand-l-enfant-acquiert-la-theorie-de-l-esprit_fr_5223.html

sidera que la noción de «teoría de la mente» está próxima a la noción de empatía. En ambos casos, en cierto modo se trata de ponerse «en el lugar» del otro. Así pues, los bebés de 15 meses serían capaces de hacerlo.

Experimento

En una mesa hay dos cestas; dentro de la cesta A hay un objeto, la cesta B está vacía. Después, una de las dos personas que realizaban el experimento sale de la habitación. El que se ha quedado con el niño cambia el objeto de sitio, de manera que ahora está en la cesta B. Cuando el experimentador que había salido regresa a la sala, se le pregunta al niño dónde buscará el objeto. Antes de los 4 años, el niño dirá: «En la cesta B», porque es incapaz de darse cuenta de que el experimentador no tiene la información que él sí tiene, a saber: que el objeto ha cambiado de cesta. Pasados los 4 años, dirá: «En la cesta A», porque ya ha adquirido la capacidad cognitiva que permite representarse los estados mentales de otros individuos, estar «dentro de su mente». Esta capacidad es lo que llamamos «teoría de la mente».[13]

Y quizá también los animales, como mínimo, algunos. Durante mucho tiempo se ha creído que la «teoría de la mente» era propia del hombre, pero cada vez más observaciones parecen indicar que tres grandes simios (bonobos,

---

13. Una ficha de Wikipedia muy completa sobre la «teoría de la mente»: https://fr.wikipedia.org/wiki/Théorie_de_l'esprit

chimpancés y orangutanes),[14] y tal vez los delfines y los córvidos[15] (cuervos, cornejas, varias especies de arrendajos y urracas), tienen esa capacidad de saber lo que está ocurriendo en la mente del otro.[16]

Para algunos investigadores, la «teoría de la mente» estaría alojada en una zona del cerebro, la unión temporoparietal derecha (o RTPJ), «cuyo trabajo sería pensar en los pensamientos de otras personas». Desde hace varios años, el altruismo se ha asociado, asimismo, a esta parte del cerebro, y algunos llegan incluso a pensar que, si se estimula la RTPJ, se podrían aumentar ciertos comportamientos altruistas.[17]

La oxitocina, la hormona de la empatía

La oxitocina es la hormona, secretada por el hipotálamo y almacenada en la glándula pituitaria, que juega un papel primordial en el parto y la lactancia, pero también en el orgasmo, el reconocimiento social, la empatía, la sociabilidad, la confianza, los comportamientos maternales, etc. De ahí su denominación de «hormona del amor o felicidad».

---

14. «La "Théorie de l'Esprit" aurait été démontrée chez les grands signes», *Sciences et avenir*, octubre de 2016, www.sciencesetavenir.fr/animaux/biodiversite/la-theorie-de-l-esprit-aurait-ete-demontree-chez-les-grands-singes_107255

15. «Le corbeau se méfie du judas», *Le Monde,* 5 de febrero de 2016, www.lemonde.fr/sciences/article/2016/02/09/le-corbeau-se-mefie-du-judas_4861858_1650684.html

16. France Inter, «S'imaginer à la place de l'autre», 21 de julio de 2018.

17. Fritz, J.-P. : «On a trouvé comment nous rendre plus généreux! (ça se passe dans le cerveau)», *L'Obs*, 12 de enero de 2019.

¡En todo caso, es la «hormona de la empatía»! Y, dado que se ha conservado a lo largo de la evolución y la encontramos tanto en los peces como en los humanos, podría ser la explicación de que la empatía está en todo ser vivo.

Cuando se da de mamar a un niño, él y su madre se encuentran sumergidos en un auténtico «baño de hormonas», en particular de oxitocina: tanto la oxitocina excretada en la leche humana como la secretada en respuesta a la lactancia (que combina contacto físico estrecho con la madre, la succión, el calor…).

¿Es por eso, o debido a otros componentes de la leche materna (¿los ácidos grasos poliinsaturados de cadena larga?), por lo que los bebés que maman parecen estar en mejor disposición para reconocer las emociones de los demás a través de sus expresiones corporales? Esta capacidad, primera etapa de la empatía, como hemos visto, implica a ciertas zonas del hemisferio derecho del cerebro y aflora ya en el primer año de vida.

Un estudio realizado con 28 niños de unos 8 meses[18] de edad, en cuyo plano cerebral se han ido siguiendo las variaciones del potencial evocado visual (PEV), ha permitido constatar que la lactancia y, en particular, la lactancia exclusiva, jugaba un papel en el proceso neurológico de reconocimiento de las expresiones corporales, siendo la sensibilidad del niño a las expresiones de felicidad tanto más importante cuanto más larga había sido la duración de la lactancia exclusiva.

---

18. Krol, K. M. *et al.*: «Duration of exclusive breastfeeding is associated with differences in infants' brain responses to emotional body expressions», *Front Behav. Neurosci.*, 8, 2015, pág. 459.

En otro estudio realizado por el mismo equipo,[19] cuando se les había amamantado en exclusividad durante más tiempo, los bebés de 7 meses prestaban más atención a los ojos que expresaban felicidad que a los que manifestaban ira.

Y, si bien los bebés criados con leche materna parecen en mejor disposición para reconocer las emociones, esto es igualmente cierto en el caso de las madres que amamantan, que parecen más sensibles a las señales que envía su bebé. Gracias a la imaginería médica, un estudio[20] mostró que el cerebro de las mujeres que están en período de lactancia responde con más intensidad a los gritos de su bebé: las zonas cerebrales ligadas al comportamiento de atención y empatía se activan mejor en ellas que en las mujeres que dan el biberón. Otro estudio[21] ha constatado que las madres que practicaban una lactancia exclusiva prolongada tienen respuestas más intensas frente a las expresiones faciales de felicidad, y que una mayor frecuencia cotidiana amamantando está directamente relacionada con una respuesta más baja ante las expresiones faciales de ira.

19. Krol, K. M. *et al.*: «Genetic variation in CD38 and breastfeeding experience interact to impact infants' attention to social eye cues», *Proc. Nat. Acad. Sci USA,* 112, 2015, págs. E5434-ES442.
20. Pilyoung*et al.*: «Breastfeeding, brain activation to own infant cry, and maternal sensitivity», *Journal of Child Psychology and Psychiatry,* 52 (8), 2011, págs. 907-915.
21. Krol, K. M. *et al.*: «Breastfeeding experience differentially impacts recognition of happiness and anger in mothers», *Sci. Rep.,* 4, 2014, pág. 7006.

III.

Cómo desarrollar la empatía

Si bien la empatía es, o eso parece, innata en las crías del humano, aún hay que desarrollarla para ponerla al servicio del bien (más adelante veremos que se la puede utilizar mal, incluso destruirla…) y que englobe a más seres que los «cercanos». Pero ¿cómo conseguirlo?

Según el psiquiatra Nicolas Georgieff, «el niño es empático de manera natural. La pregunta es: ¿qué hace él con eso? En cuanto un niño ve a otro niño que sufre, lo percibe, igual que percibe un animal maltratado: la empatía se revela como algo natural y espontáneo. En cambio, el aprendizaje de ese valor empático (es decir, el hecho de prestar atención al otro) sólo puede ser el resultado de un producto de la educación».

¿Educación? Seguramente. Pero, aún con más seguridad, reacción a la empatía del otro, empezando por la que le manifiestan a él sus padres.

Para Serge Tisseron (y muchos otros), cuanto más disfruta un niño de empatía por parte de sus adultos de referencia, más desarrolla su propia capacidad de empatía, ya se trate de la empatía hacia el prójimo o hacia sí mismo.[1]

Y según la doctora Catherine Gueguen, hay notables estudios recientes que muestran que, cuando los padres son empáticos, el cerebro del niño se desarrolla de manera óptima: se desarrollará toda la materia gris (a la edad de 8 años está en su máximo) y se producirá un engrosamiento del córtex prefrontal, que permite reflexionar, planificar y resolver los problemas, y también juega un papel en la empatía.[2]

Así pues, ¡se podría decir que hace falta empatía para alimentar la capacidad de empatía! Un auténtico círculo.

Empatía y cuidado materno

De hecho, la empatía hacia el bebé se encuentra en la base de los cuidados maternos, e impregna todas las prácticas de lo que a veces se denomina «cuidado maternal (incluso parentalización) con apego»:

- Lactancia (larga);
- Llevar al bebé consigo;
- Dormir con el bebé;
- Masajes.

---

1. *Op. cit.*
2. Entrevista en *Peps magazine,* n.º 21, 2018.

¡Prácticas, todas ellas, en las que circula la oxitocina! Por otro lado, un estudio sobre los vínculos entre genes, oxitocina y buen (o mal) desarrollo social y emocional del niño habla de «*sensitive parenting*».[3]

Y, en efecto, esta empatía hacia el bebé parece compartida por las madres de todas partes del mundo.

Experimentos

Se desarrolló un estudio en 11 países[4] con 684 mujeres que recientemente habían sido madres por primera vez.[5] Se analizó su comportamiento en respuesta al llanto de su bebé. Resultado: todas las madres primerizas, al oír llorar a su bebé, mostraban siempre el mismo comportamiento: tomarlo en brazos y hablarle con dulzura para tranquilizarlo.

Después se analizaron, mediante imágenes obtenidas por resonancia magnética (IRM), las zonas del cerebro que se activan cuando las mujeres oían el llanto de su propio bebé (43 madres primerizas estadounidenses) o de los bebés en general (44 madres chinas experimentadas y 12 mujeres italianas, madres o no). Resultado: las

3. Feldman, R. *et al.*: «Sensitive parenting is associated with plasma oxytocin and polymorphisms in the OXTR and CD38 genes», *Biol. Psychiatry,* 72, 2012, págs. 175-181.
4. Argentina, Bélgica, Brasil, Camerún, Francia, Israel, Italia, Japón, Kenia, Corea del Sur y Estados Unidos. ¡Sí, en Francia también!
5. Bornstein, M.H. *et al.*: «Neurobiolgy of culturally common maternal responses to infant cry», *PNAS,* 114 (45), 2017, págs. E9465-E9473.

imágenes muestran que ese llanto activa zonas específicas, relacionadas con la intención de desplazarse y de hablar, así como zonas frontales implicadas en el lenguaje y en la capacidad de hablar y de interpretar sonidos. El cerebro de las mujeres que no eran madres no se activaba de la misma manera. Para los autores del estudio, «estos resultados permiten pensar que las respuestas de las madres al llanto de su bebé están programadas en el cerebro y son comunes al conjunto de las culturas».

Los bebés humanos tienen las mismas necesidades en todas partes del mundo. Y las madres dan las mismas respuestas, sea cual sea la cultura de la que formen parte.

Y estas respuestas empáticas y de carácter maternal aumentan su empatía hacia el niño a largo plazo.

Un estudio realizado en 1272 familias estadounidenses[6] realizó una encuesta acerca de los posibles vínculos entre la duración de la lactancia y la sensibilidad materna, hasta diez años después determinar la lactancia.

Se entiende por «sensibilidad maternal» la capacidad de la madre para responder a su hijo de la misma manera y para leer las señales que éste emite, su tono emocional y su comportamiento hacia él. En el estudio, cuanto más duraba la lactancia, mayor era la sensibilidad maternal. Como afirmó la autora principal del estudio, «había muchos estudios

6. Weaver, J. M.; Schofield, T. J.; Papp, L. M.: «Breastfeeding Duration Predicts Greater Maternal Sensitivity Over the Next Decade», *Developmental Psychology*, 54 (2), 2018, págs. 220-227.

que mostraban un vínculo entre lactancia y sensibilidad maternal precoz, pero nada indicaba que fuéramos a observar ningún efecto mucho más allá del final de la lactancia».

¡Un auténtico círculo!

Responder al llanto

Dar muestras de empatía hacia un bebé implica, por supuesto, no «dejar que llore» (lo cual sería un medio infalible para destruir su capacidad de empatía…), y también considerar su llanto como una señal, una llamada, una manera (la única de la que él dispone en ese momento) de expresar su malestar, su dolor, su necesidad.[7] Pero ¿eso implica que haya que intentar descifrar el llanto a cualquier precio?

En los manuales de puericultura se lee con frecuencia que, al cabo de cierto tiempo, los padres ya son capaces de diferenciar el llanto de su bebé (ya que es distinto según sus causas: hambre, cansancio, dolor, etc.). Pero ¿es cierto? Si les preguntamos, muchos de ellos confiesan que no son capaces de distinguirlo. Y afirmo «confiesan» de manera consciente, porque, tras haber leído en los libros que deberían poder hacerlo sin ningún problema, les cuesta trabajo admitir que les resulta imposible.

Prueba de que ese «reconocimiento» no está tan claro es que cada dos por tres aparecen métodos nuevos que anuncian que nos permiten saber (por fin) por qué lloran los bebés.

---

7. Ver mi pequeño tratado práctico editado en Jouvence *Ne pleure plus, bébé!*, 2018.

Así, en 2016, apareció el libro de Priscilla Dunstan,[8] que se precia de enseñar a los padres a reconocer «palabras» en los gritos y llantos de su bebé, cada una de las cuales significa una necesidad precisa: palabra del hambre (*neh*), del cansancio (*aoh*), del eructo (*eh*), etc.

No digo que sea totalmente imposible saber por qué está chillando nuestro bebé. Los padres, en efecto, acaban reconociendo el origen de ciertos llantos, y también alertándose cuando un grito difiere de los chillidos habituales (señal de dolor agudo, por ejemplo). Pero de ahí a pensar que se puede etiquetar cada vez el grito y aportarle automáticamente la respuesta apropiada…

Y la respuesta apropiada será: ¿no suele ser la mayoría de las veces un simple gesto de cuidado parental: llevarlo en brazos, tenerlo junto a nosotros, darle el pecho…? A las madres que amamantan y ofrecen el pecho a su bebé en cuanto llora, muchas veces se las critica: «¿Cómo?», «¿Dan el pecho cuando no saben si el bebé grita realmente de hambre?». No obstante, el pecho es, en efecto, la respuesta a numerosas necesidades del bebé, no sólo a la de alimento, de modo que puede calmar cualquier tipo de grito sin que la madre tenga que torturarse la mente para saber por qué está chillando el niño.

---

8. *Il pleure, que dit-il? Décoder enfin le langage caché des bébés*, J. C. Lacres, 2016.

Experimento

En 2017, un metaanálisis sobre 8700 bebés menores de 3 meses de seis países diferentes[9] mostró que en Reino Unido, Canadá e Italia es donde más lloran, y en Dinamarca, Alemania y Japón es donde menos lloran. Para los investigadores, este hecho se explicaría, en gran parte, por diferencias «relacionadas con el tipo de parentalidad». ¿No recuerda esto los relatos de los antropólogos y viajeros que se extrañaban de no oír prácticamente nunca llantos de niños entre los autóctonos del Gran Norte, los amerindios, en India, en Bali...?

Empatía, bebés, cerebro y ADN

Empatizar con el bebé es **comprender su gran necesidad de contacto, de mimos, de ser acunado, etc.** Y responder a eso no carece de consecuencias en la manera en la que se desarrollará y se estructurará su cerebro.

Según los investigadores, ésta es la primera vez que se muestra que el tacto «tiene consecuencias muy profundas y potencialmente de por vida en el epigenoma, es decir, en los cambios bioquímicos que afectan a la expresión de los genes». Y esto, ahora que la epigenética confirma los trabajos

---

9. www.sciencesetavenir.fr/sante/maladie-enfant/les-pleurs-des-bebes-plus-frequents-au-royaume-uni-qu-en-allemagne_111990

de Harlow, Spitz, Montagu.[10] etc., sobre la importancia del tacto y las consecuencias de su privación…

> **Experimento**
>
> Recientes descubrimientos muestran incluso que esto tiene consecuencias en el ADN. Unos investigadores de la Universidad de British Columbia y del BC Children's Hospital Research Institute realizaron un seguimiento de un centenar de niños durante cuatro años.[11] Cuando tenían 5 meses, se les pidió a sus padres que llevaran un diario de la vida cotidiana del niño (sueño, alimentación, llanto, etc.), y también que conservaran un registro de todos los momentos de cuidados que suponían un contacto físico con él (frecuencia y duración).
>
> Cuando los niños tuvieron en torno a 4 años y medio, se les hizo un frotis bucal para comprobar si existían diferencias en el plano de la metilación de su ADN.[12] Pues sí, las había: las células de los niños que habían tenido po-

10. «Holding infants – or not – can leave traces on their genes», UBC Faculty of Medicine, comunicado del 27 de noviembre de 2017, www.med.ubc.ca/holding-infants-or-not-can-leave-traces-on-their-genes/

11. «La metilación del ADN actúa como un "patrón" que condiciona la expresión de los genes en cada una de las células. [ ] En los mamíferos, el proceso de metilación del ADN sufre después, además, la influencia de los factores del entorno: sociales, nutricionales y toxicológicos» (https://fr.wikipedia.org/wiki/Méthylation).

12. Moore, S. R. *et al.*: «Epigenetic correlates of neonatal contact in humans», *Development and Psychopathology*, 29 (5), 2016, págs. 1517-1538.

cos contactos físicos con sus padres (*low-contact chil-dren*) eran menos maduras de lo que habrían debido de serlo a su edad,[13] lo cual podía conllevar retrasos de crecimiento y de desarrollo.

La oxitocina al rescate

Parece cada vez más evidente que la carencia de oxitocina está en relacionada directamente con una carencia de empatía, o, como mínimo, que un índice bajo de oxitocina se corresponde (sin que estemos seguros de que exista un vínculo de causa-efecto) con una capacidad de empatía débil.

Experimento

Se sabe que a las personas autistas les cuesta reconocer las emociones y sentir lo que siente el otro.[14] Unos experimentos realizados en 2010 por investigadores del Centro de Neurociencia Cognitiva de Lyon demostraron que la administración intranasal de oxitocina mejora de mane-

---

13. Leed o releed su libro *La Peau et le toucher.* ¡No le ha salido ni una arruga!
14. En el estudio de Warrier, V. *et al.* (*op. cit.*), los investigadores observaron que las variantes genéticas asociadas a una empatía más débil están, asimismo, asociadas a un riesgo más elevado de autismo.

ra significativa las capacidades de los pacientes autistas para interactuar con los demás.[15] Antes de recibir el aerosol de oxitocina, la persona observa los rostros evitando sistemáticamente la zona de los ojos; después de la administración de oxitocina, ya no sucede eso.

Según el investigador Baron-Cohen, que ha realizado las investigaciones ya citadas sobre el componente genético de la empatía, parece ser que las personas que padecen trastornos autistas tienen dificultades en empatía cognitiva (identificar la expresión de los demás), pero no tantas en el plano de la empatía afectiva (adaptar su respuesta emocional al comportamiento del otro). Y, por consiguiente, si encontráramos el medio de ayudarlos a identificar mejor las expresiones de los demás, eso les permitiría elegir la reacción apropiada y reforzar su capacidad de interacción. Y ello mediante un tratamiento farmacológico adaptado caso por caso[16] y/o mediante un tratamiento no medicamentoso, por ejemplo, la administración de oxitocina.

Esto podría, asimismo, ayudar a las personas que padecen déficit de oxitocina debido a ciertas enfermedades o tratamientos con fármacos.

---

15. Andari, E. *et al.*: «Promoting social behavior with oxytocin in high-functioning autism spectrum disorders», *PNAS,* 107 (9), 2010, págs. 4389-4394, www2.cnrs.fr/presse/communique/1793.htm

16. El genetista francés Thomas Bourgeron, que trabaja con Baron-Cohen, inició en su laboratorio unas pruebas clínicas que apuntaban a reforzar en ciertos pacientes la parte sana de su ADN y a compensar la que presentaba deficiencia.

Experimento

Unos investigadores ingleses mostraron en dos grupos de pacientes (los primeros aquejados de una reducción del índice de oxitocina como consecuencia de una cirugía pituitaria, mientras que los otros no) que si se les daban sendas tareas para realizar con el fin de testar su empatía cognitiva (reconocer expresiones faciales emocionales), los que salían menos airosos de los tests eran los que tenían déficit de oxitocina. Y, cuanto más bajo era el nivel de esta hormona, peores eran los resultados. Para la autora principal del estudio,[17] «quizá sería útil introducir un test sistemático del índice de oxitocina en estos pacientes con el fin de corregirlo para que consigan un bienestar mayor».

¡Y recordemos que en la lactancia también «se administra» oxitocina! Así, ciertos estudios han constatado que los niños portadores de un genotipo relacionado con un índice más alto de oxitocina y un riesgo más elevado de trastornos autistas eran aquellos en los que era mayor el impacto beneficioso de más tiempo de lactancia exclusiva.

17. Daughrers, K.; Manstead, A. S. R., Rees, D. A.: «Hypopituitarism is associated with lower oxytocin concentrations and reduced empathic ability», *Endocrine,* 57 (1), 2017, págs. 166-174.

Los gestos que desarrollan la empatía en los niños

Para que se desarrolle la empatía natural en el niño, no existe nada mejor que:

— Ser cariñosos con él.
— Reconocer sus emociones.
— Ayudarlo a que las reconozca él mismo.

Asimismo, si somos testigos de una situación en la que otro niño está triste, podemos preguntarle a nuestro hijo cómo se sentiría si le ocurriera lo mismo a él. Esto lo ayudará a comprender el punto de vista del otro.

Si somos empáticos hacia los demás, por ejemplo, consolando a un niño que está triste, le enseñamos a nuestro hijo el comportamiento que se puede tener en una situación de ese tipo.

Si nuestro hijo se pelea con otro niño, o es agresivo, le podemos explicar las consecuencias que sus gestos, su comportamiento, etc., tendrán en el otro (miedo, tristeza, ira…), lo cual también le ayudará en ese caso a ponerse «en el lugar del otro».

Padres cariñosos crean a futuros adultos compasivos

Incluso hay estudios que lo demuestran.

Experimento

Durante tres décadas, un estudio finlandés[18] realizó un seguimiento de 2700 jóvenes dentro del marco de la Young Finns Study, que, al inicio (en 1980), tenían de 3 a 18 años. Al principio del estudio, los padres rellenaron unos cuestionarios sobre la relación que tenían con su hijo: más o menos cálida y de más o menos aceptación. Después se «examinó» su grado de compasión (con ayuda de preguntas del tipo «no soporto ver sufrir a alguien») en 1997, 2001 y 2012, cuando tenían 20 años los más jóvenes y 50 los de más edad. Resultado: cuanto más cariñosos y cálidos habían sido sus padres, más elevado era su grado de compasión.

Un estudio más antiguo[19] realizado con 180 escolares había mostrado también un fuerte vínculo entre unos padres cariñosos y cálidos y unos niños empáticos. Por otro lado, no deberían ser necesarios los estudios para saber que el amor genera amor y compasión.

En todo caso, no dudéis, **amamantad, prodigad cuidados maternales y bañad a vuestros hijos en oxitocina y ¡los convertiréis en adultos empáticos!**

18. Daughrers, K.; Manstead, A. S. R., Rees, D. A.: «Hypopituitarism is associated with lower oxytocin concentrations and reduced empathic ability», *Endocrine,* 57 (1), 2017, págs. 166-174.
19. Zhou, Q. *et al.:* «The Relations of Parental Warmth and Positive Expressiveness to Children's Empathy-Related Responding and Social Functioning: A Longitudinal Study», *Child development,* 73 (3), 2003, págs. 893-915.

IV.

Cómo puede destruirse
la capacidad de empatía

Pero si todos nacemos con esa capacidad de empatía, ¿cómo explicar los odios, el racismo, las guerras, los genocidios y los sucesos horribles? ¿Cómo explicar el Mal, con M mayúscula?

Malos tratos

Es que esa capacidad innata de «ponerse en el lugar del otro» y sentir sus emociones, para desarrollarse, necesita estar nutrida de una relación con adultos empáticos. Y, *al contrario*, los niños que han crecido sin amor, sin cuidados, sometidos a una educación autoritaria, que han sufrido humillaciones, físicas y/o verbales, traumas y malos tratos corren un gran riesgo de perder esa capacidad de empatía, de convertirse en seres insensibles, e incluso de adoptar comportamientos antisociales.

Ejemplo

Esto es lo que muestra un experimento realizado con «niños de la calle» encarcelados en la prisión de Freetown (Sierra Leona). Cuando se les pidió que miraran rostros que expresaban cuatro emociones principales (alegría, miedo, ira y tristeza) y que las identificaran, no distinguían entre el miedo, la tristeza y la ira, y, para ellos, todas las emociones negativas eran ira. En sus experiencias precoces como niños de la calle, seguramente, para ellos, era vital identificar la ira en el otro, puesto que significaba un peligro posible. Y era preferible ver ira allí donde no la había que no reconocerla cuando sí existía... Pero esa incapacidad para reconocer las verdaderas emociones del otro había creado en ellos una debilidad afectiva y unas respuestas de comportamiento inadaptadas (lo único que sabían hacer era atacar o huir).

En el plano individual, así es como la psicoanalista Alice Miller encontraba en la infancia de tiranos sanguinarios como Hitler o Stalin (y en la de aquellos que los siguieron ciegamente) las raíces de su crueldad: «Su educación apuntaba desde el principio a exterminar todo lo que tuviera que ver con la infancia, el juego y todo lo que estuviera vivo. Tenían que reproducir exactamente de la misma manera la atrocidad cometida con ellos, el asesinato del alma perpetrado sobre los niños que ellos habían sido».[1] Esto es lo que ella denominaba la «pedagogía negra».

Olivier Maurel, que ha escrito mucho sobre las consecuencias de los bofetones y otros maltratos físicos, y lleva mucho tiempo militando para que la ley prohíba cualquier tipo de «violencia educativa ordinaria», muestra con creces qué efecto devastador puede tener «el primer manotazo, bofetada o azotaina que recibe el bebé por parte de las personas que para él son modelos». Esto daña y desorienta por completo la «brújula socializante innata» que le hacía tomar partido por la víctima en contra del agresor de manera espontánea (*véanse* las experiencias descritas en el primer capítulo).

Esta destrucción de la capacidad de empatía también puede observarse a gran escala. En el encuentro anual de la Association for Psychological Science, se presentó, en junio de 2010, una síntesis de 72 estudios sobre la evolución de los rasgos de personalidad de los estudiantes estadounidenses entre 1979 y 2009.[2] La principal conclusión es que la capacidad de empatía de los estudiantes se ha reducido en un 40 % en unas cuantas décadas. Esta disminución ha sido progresiva, aunque más rápida a partir del año 2000.

---

1. En *C'est pour ton bien: Racines de la violence dans l'éducation de l'enfant*, Flammarion, 2015.
2. Konrath, S. H.; O'Brien, E. H.; Hsing, C.: «Changes in dispositional empathy in American college students over time: a meta-analysis», *Pers. Soc. Psychol. Rev.*, 15 (2), 2011, págs. 180-198.

Negligencia de los padres y ADN

Ya se ha comentado que un cuidado repleto de amor y cariño influye en el ADN de los bebés. Y, del mismo modo, lo contrario también es cierto: la negligencia de los padres también tiene consecuencias (negativas) en ese ADN.

El experimento se realizó con crías de ratón. Sé que me vais a decir que nosotros no somos ratones (ni vacas, ni chimpancés…), aunque, en lo que respecta a los cuidados prodigados a las crías, los ratones y los seres humanos son, de hecho, bastante parecidos.

Experimento

Un equipo de genetistas del Salk Institute for Biological Studies (California) observó[3] que cuando la madre descuida a los ratoncillos en los primeros momentos posteriores a su nacimiento, ese hecho dispara la réplica y el desplazamiento de varios genes dentro de sus células cerebrales.

La opción experimental de los investigadores fue no intervenir en absoluto; se limitaron a observar la manera en la que los ratones criaron a su prole durante dos semanas. Después dividieron a los ratoncillos en varios grupos, en función de la atención que les dispensaba su madre (frecuencia con la que los lamía, diversión, des-

3. Bedrosian, T. A.; Quayle, C.; Novaresi, N.; Gage, F. H.: «Early life experience drives structural variation of neural genomes in mice», *Science,* 359 (6382), 2018, págs. 1395-1399.

canso, etc.). Al analizar las células del hipocampo de los jóvenes ratones, los genetistas observaron una relación significativa entre la manera en la que las madres se habían ocupado de sus crías y el número de réplicas de LINE-1. Cuanto menos atienden los ratones a sus ratoncillos, más elevadas son las cantidades de réplicas y de desplazamientos del gen. Y, manifiestamente, todas estas réplicas y todos esos desplazamientos son algo perjudicial.

¿LINE-1? Sí, es algo bastante desconocido para quien no sea genetista. También se habla de transposones, de retrotransposones, de agentes mutagenes, de LINE (en referencia a Long Interspersed Nuclear Elements o largos elementos nucleares intercalados)… Digamos, para simplificar, que ciertos factores del entorno, en este caso la manera en la que la madre se ocupa de sus crías, conllevan modificaciones epigenéticas, algunas de las cuales se han identificado como factores potenciales que están vinculados con el desarrollo de trastornos neurológicos como el autismo (que, en particular, se caracteriza por una deficiencia de la capacidad de empatía).

Como dice Fred Gage, el autor del estudio, «solemos pensar que nuestro ADN es algo estable e inmutable que hace de nosotros lo que somos, pero en realidad es un sistema dinámico. Ciertos genes, dentro de vuestras células, son capaces de replicarse y de desplazarse, lo que significa que vuestro ADN cambia de manera efectiva». Y: «Nuestros trabajos están en consonancia con los estudios que hacen referencia al descuido infantil y que muestran esquemas modificados de ADN a través de la metilación de ciertos genes».[4]

Cómo pueden los padres, a su vez, perder su capacidad de empatía

Si bien la capacidad de empatía de los bebés necesita cuidados empáticos por parte de los adultos para no desaparecer, esto también es válido en sentido contrario: unos adultos que dejan llorar a su bebé (porque así lo hicieron con ellos, porque eso es lo que espera la sociedad…) pueden perder su capacidad de empatía hacia el pequeño.

> **Ejemplo**
>
> Quiero tomar como prueba un estudio[5] que observó lo que ocurría en 25 bebés de entre 4 y 10 meses que «participaban» (de manera bastante involuntaria en lo que a ellos se refería) con su madre en un programa hospitalario de 5 días de «educación para el sueño», inspirado por el método Ferber. El objetivo era que aprendieran a dormirse sin ayuda, a excepción de la visita regular de

4. Un vídeo breve (en inglés) en el que Fred Gage habla de su descubrimiento: https://youtu.be/4BKKE760PP8
5. Middlemiss, W.; Granger, D. A.; Goldberg, W. A.; Nathans, L.: «Asynchrony of mother-infant hypothalamic-pituitary-adrenal axis activity following extinction of infant crying responses induced during the transition to sleep», *Early Hum. Dev.*, 88 (4), 2012, págs. 227-232.

una enfermera. En una sala contigua, su madre podía oír el llanto sin que se le permitiera intervenir.

Se analizaron los índices de cortisol y la hormona del estrés en la saliva de los bebés y sus madres, muestras que se tomaban cuando conciliaban el sueño y después de que se hubieran quedado dormidos los bebés.

El primer día, la mayoría de los bebés lloraron al menos 20 minutos y, como estaba previsto, se constató un aumento del índice de cortisol tanto en el niño como en su madre, y tanto al conciliar el sueño como en el momento en el que los bebés expresaban su angustia.

Pero al tercer día, las respuestas biológicas de las madres y de los bebés eran completamente diferentes. Los bebés dejaron de expresar su desazón con el llanto, mientras que su índice de cortisol se mantenía elevado, lo cual permite pensar que seguían estresados pero habían renunciado a manifestarlo, se habían resignado. Por su parte, el índice de cortisol de las madres, al dejar de estar en alerta debido al llanto de su bebé, quedaba muy reducido.

El resultado es unos bebés siempre estresados que se convertirán en unos adultos angustiados y unos padres que se han vuelto insensibles a la desazón de su pequeño porque «ya no lo oían».

¿Son perjudiciales demasiadas pantallas?

Sé que los efectos de las pantallas en el desarrollo de los niños son controvertidos, motivo por el cual he puesto un interrogante en el título. Pero, para ciertos psicólogos, está claro que el bebé desarrolla su capacidad de sentir lo que siente el otro reaccionando a la entonación de la voz, las expresiones del rostro, los gestos de sus allegados, y no mirando máquinas por muy interesantes que éstas resulten. Y el hecho de que sean tan interesantes es en sí mismo un peligro, porque el niño corre el riesgo de terminar encontrándolas «más interesantes que los requerimientos de su mamá o de su papá. Las prefiere antes que la interacción humana. La pantalla, en ese momento, hace de barrera en las relaciones y frena los aprendizajes fundamentales, entre ellos comprender el mundo que nos rodea y convertirnos en seres sociables».[6]

Luchar contra el acoso en la escuela y en el trabajo

Hemos visto que unos padres «benevolentes» (empleo este término a falta de otro mejor) tienen muchas más posibilidades de que su hijo desarrolle su capacidad de empatía. Y un niño y un joven capaz de sentir empatía tienen muchos menos riesgos de convertirse en acosadores o de participar en un acoso, porque sentirán el sufrimiento vivido por el acosado. Podemos incluso pensar que estará en mejores condiciones de saber qué hacer para que ese acoso cese. En par-

---

6. «Attention, on perd leur attention», *Télérama*, 29 de noviembre de 2017.

ticular, hablando de este acoso con los adultos, los padres o los docentes. Y también tienen menos riesgo de sufrir acoso en sus carnes. Podemos pensar, en efecto, que la relación de confianza que el niño tiene con ellos permitirá contárselo y pedirles ayuda. Todo lo contrario que en los casos en los que los padres descubren con horror que su hijo estaba sufriendo acoso desde hacía meses sin que ellos lo supieran.

Unos padres «benevolentes» pueden dar más valor a su hijo, mostrarle que eso por lo que se burlan de él (a veces el hecho de no entrar «en la norma»: demasiado bajito, demasiado gordo, demasiado pelirrojo…) es lo que constituye su valía, su carácter único: «¡Tú eres alguien especial!».

Desgraciadamente, existen ciertas organizaciones, ciertos lugares, ya sea en la escuela o en el trabajo, en los que impera tal competitividad que incluso se destruye esa capacidad de empatía. Será casualidad, pero es en esas estructuras donde se encuentra un índice elevado de acoso.

Ejemplo

¿Sabéis que Singapur, donde se valora tanto el éxito escolar, es también el tercer país con el índice más alto de acoso escolar?[7]

7. Véase un vídeo aquí: https://limportant.fr/infos-societe/9/t/1203622 (cuidado, imágenes perturbadoras). Véase también el expediente del sitio atlasocio.com «Harcèlement scolaire: 130 millions de victimes à travers le monde», con un mapa del índice de acoso escolar en los diferentes países: https://atlasocio.com/revue/societe/2018/harcelement-scolaire-130-millions-de-victimes-a-travers-le-monde.php

No, el hombre no es por naturaleza «un lobo para el hombre». Pero ciertos entornos pueden hacer que se convierta en lobo. Más adelante se verá cómo, por el contrario, en ciertas escuelas, se trabaja para desarrollar la capacidad de empatía y la ayuda mutua de los alumnos.

El experimento de Milgram

Experimento

He hablado de organizaciones y de entornos que destruyen la capacidad de empatía. Y me viene a la mente el famoso experimento de Milgram, destinado a evaluar el grado de obediencia.[8] Se pedía a unos individuos que aplicaran descargas eléctricas a terceros sin más razón que «verificar sus capacidades de aprendizaje». Estos últimos simulaban las reacciones a las descargas (ficticias). De los 40 participantes, 25 llevaron el experimento a término, infligiendo en tres ocasiones supuestos electroshocks de 450 voltios, potencialmente mortales.

En 2009, France Télévisions produjo el documental *Le jeu de la mort*, que reproducía el experimento de Milgram. El «índice de obediencia» fue del 81%. Así, dada una situación de subordinación en la que se supone que tenemos que obedecer las órdenes, un buen número de personas pierde su capacidad de empatía.

8. https://fr.wikipedia.org/wiki/Expérience_de_Milgram

Para Serge Tisseron, la empatía se puede poner al servicio de manipulaciones: «Una fuerte empatía afectiva sin empatía cognitiva abre la vía a todas las manipulaciones posibles. Ciertos estudios han demostrado que una llamada a hacer donaciones para niños pobres tenía mucho más impacto si iba acompañada de fotografías que tan sólo a través de una simple petición. Cualquier elemento visual es un poderoso factor de movilización afectiva».[9]

Esta capacidad de empatía hacia, por ejemplo, víctimas de catástrofes naturales puede ser utilizada por estafadores, y, de hecho, es bastante frecuente, para recaudar dinero. Es lo que ocurrió tras el terremoto en Haití en 2010.

---

9. *Op. cit.*

V.

Cultivar la empatía para que no se limite a los más cercanos

La capacidad de empatía puede desaparecer, y también puede limitarse a las personas más cercanas. Si no se extiende al resto, puede desembocar, una vez más, en discriminaciones, odios, enfrentamientos, guerras… En una palabra, en «nosotros contra ellos».

El «sesgo de familiaridad»

Para seguir con experimentos que se han llevado a cabo con bebés, observamos que en ocho de cada diez ocasiones, éstos prefieren a aquellos que comparten su mismo gusto por las cosas.

Así pues, existe una tendencia innata a preferir un comportamiento prosocial antes que un comportamiento antisocial, pero, al mismo tiempo, también existe una preferencia natural por aquellos que se parecen a nosotros en detrimento de los que se muestran diferentes a nosotros. Desde muy pronto, pues, distinguimos «nosotros», la «gente como yo» y… los otros. Y no hay mucha distancia entre distinguir y oponer: «nosotros» contra «ellos». De ahí seguramente provengan los comportamientos de rechazo hacia aquel que no tiene el mismo color de piel, la misma religión, que no come como yo, que no se viste como yo, etc.

Según Serge Tisseron, «para luchar contra este sesgo, hay que desarrollar la empatía cognitiva. Si entrenamos al niño para que adopte otros puntos de vista diferentes del suyo, lo ayudaremos a construir su curiosidad hacia el otro. Y también si le mostramos que en su propio interior pueden existir diferentes puntos de vista sobre un mismo hecho. Con eso comprende que otras opciones pueden ser tan válidas como la suya».[1]

En la escuela

En Dinamarca, un programa destinado a luchar contra el acoso escolar se centra en desarrollar la empatía desde una edad muy temprana (desde los 2 años), y cultiva el espíritu de ayuda mutua, la solidaridad y la benevolencia.[2] En 2013 estaba implantado en un preescolar de cada tres y en una escuela primaria de cada cuatro. Después, fue adoptado en Groenlandia, en los Países Bajos y en Rusia. Se inspira en un programa australiano, The Best of Friends,[3] que intenta desarrollar la inteligencia emocional en los niños.

De hecho, desde la promulgación de una ley en 1993 relativa a la educación, que entre otras cosas indica que hay que enseñar a los niños lo que son los límites, la empatía y la sexualidad, los pequeños daneses de 6 a 16 años tienen una hora de clase de empatía cada semana. ¡Evidentemente, no tienen que hacer deberes! Durante esa clase, los alumnos se comunican, escuchan y departen entre ellos, por ejemplo, para encontrar una solución a un problema eventual.

Recientemente se ha extendido a Bélgica. A finales de 2018, un diputado de Bruselas habló con la ministra de

---

1. *Op. cit.*
2. Véase un reportaje sobre este proyecto, «Arrêtons le harcèlement à l'école», www.youtube.com/watch?time_continue;7&v;JUvL p4F2Ex4
3. https://childpsychologist.com.au/the-best-of-friends-program-launched-in-schools-and-clinics/

la Cocof (Comisión comunitaria francesa), encargada de la enseñanza, con el fin de que se implantara una clase de empatía obligatoria en las escuelas de Bruselas. A principios de 2019, una profesora lo implantó en su clase. Cada alumno tiene que elegir dos cartas que representan sus emociones en ese instante, y luego otras dos deben valorar sus necesidades. A partir de ahí, cada niño/a explica a la clase sus emociones y sus necesidades.

En Francia también se está empezando a experimentar la pedagogía basada en la empatía. Así, en la escuela primaria Henri Wallon, en Trappes (Yvelines), escuela que se encuentra dentro de la red de educación prioritaria, se aprende a ponerse en el lugar del otro, a comprender lo que él puede sentir.[4] Hay, en particular, una «silla de las emociones» en la que se puede sentar el alumno/a, y en la que describe sus sentimientos en una especie de diario íntimo.

En Châlon-sur-Saône, la directora de la escuela Saint-Jean-des-Vignes ha decidido introducir «clases de benevolencia». El objetivo es que cada niño aprenda a expresar sus tristezas y sus contrariedades, pero también que sepa escuchar las de los demás.

Ciertas escuelas alternativas sitúan la empatía en el centro de su proyecto pedagógico. Es lo que sucede en la escuela de La Chrysalide, en Sud Gironde: «Trabajamos expresando nuestros sentimientos y nuestras necesidades fundamentales y reconociendo que son comunes a toda la humanidad. Así es como, aplicando este procedimiento, trabajamos para establecer la diferencia entre un sentimiento y un juicio para

---

4. Véase el vídeo «Enseigner l'empathie à l'école pour apprendre le sens de l'autre», Academia de Versalles.

ser más justos en nuestras peticiones. Las interacciones con los demás conllevan, inevitablemente, fricciones, malentendidos o frustraciones. Utilizamos esos casos concretos para aprender a manejar los conflictos de manera colectiva. Cada semana se dedica a esto un tiempo específico. Se utilizan juegos más informales con el lenguaje de las emociones para familiarizarse con ese vocabulario. Los alumnos aprenden a hacer mediación, a escuchar con empatía, a decir que no sin hostilidad y a expresarse claramente sin condicionamientos. Desarrollan, así, un conocimiento mejor de sí mismos y de las competencias relacionales de benevolencia. Aprenden a respetar a los demás mientras se respetan a sí mismos».[5]

Tomará usted un poco más de oxitocina, ¿no?

¡El vínculo entre nivel de oxitocina y la empatía parece tan claro que hay quien se ha imaginado que se le podría administrar a la gente para ver si aumentaba su grado de aceptación de los migrantes!

Experimentos
Unos investigadores de la Universidad de Bonn, del Instituto Laureate de investigación sobre el cerebro de Tulsa (Estados Unidos) y de la Universidad de Lübeck proce-

---

5. http://ecolelachrysalide.org/

dieron a un estudio[6] controlado doble ciego (es decir, muy serio) «que mostraba que una actividad aumentada del sistema de oxitocina, asociada a señales sociales beneficiosas, puede ayudar a contrarrestar los efectos de la xenofobia favoreciendo el altruismo hacia los refugiados». El experimento se realizó con 183 sujetos, originarios de Alemania, que tenían que realizar donaciones por Internet (por un importe que iba de cero a 50 euros) en favor de 50 personas necesitadas, 25 alemanas y 25 refugiados. Las actitudes personales de los sujetos respecto a los refugiados se evaluaron en un cuestionario. Después, a la mitad del grupo se le administró oxitocina por aerosol nasal, mientras que a la otra mitad del grupo se le aplicaba un placebo. Bajo la influencia de la oxitocina, las personas que al principio tenían una actitud positiva hacia los refugiados duplicaron sus donaciones a la población local y a los refugiados. En cambio, la oxitocina no tuvo efecto en las personas que habían expresado una actitud defensiva respecto a los migrantes.

En un tercer experimento, los investigadores indicaron a los participantes la donación media que habían hecho sus pares en el primer experimento en cada caso. A la mitad de los participantes se le volvió a administrar oxitocina. El resultado en este caso fue asombroso: «Incluso las personas que tenían una actitud negativa

6. Marsh, N.: «Oxytocin-enforcednorm compliance reduces xenophobic out group rejection», *PNAS*, 114 (35), 2017, págs. 9314-9319.

respecto a los migrantes donaron a los refugiados hasta un 74% más que en el ciclo anterior», refiere Nina Marsh, una de las investigadoras.

Así pues, la oxitocina por sí sola no suprime la xenofobia, pero la oxitocina combinada con la influencia de los pares, es posible que sí.

Meditación

Para ampliar nuestra empatía a un círculo más amplio que nuestros allegados, una herramienta útil sería la meditación.[7] Sorprendente a primera vista, pero ahora sabemos que la meditación provoca cambios funcionales en el cerebro, observables a través de la imaginería cerebral. Y se han realizado experimentos en diferentes escuelas, por ejemplo, en un preescolar en el que unos minutos de meditación cotidiana hicieron que descendiera claramente el número de comportamientos agresivos. O incluso en dos centros de barrios desfavorecidos de Baltimore (Estados Unidos), afectados por la pobreza y la violencia. En Francia también está empezando a aparecer la meditación en las aulas.[8]

7. Giol, C.: «Pourquoi méditer favorise la compassion», número especial de *L'Obs*, 2018.
8. «La méditation pleine conscience aide au bien-être des enfants», www.pourquoidocteur.fr/Articles/Question-d-actu/13410-La-meditation-pleine-conscience-aide-au-bien-etre-des-enfants

En Canadá, numerosos centros utilizan ya la «plena conciencia». Aplicado desde hace más de diez años en las escuelas de Vancouver, el programa Mind Up[9] aúna relajación, meditación, lecciones de empatía y control de las emociones. Resultado: en las clases que han seguido este programa, disminuyen los comportamientos incívicos y aumenta la sensación de bienestar de los escolares.

En febrero de 2019, el gobierno británico lanzó un programa test, la mayor experimentación del mundo sobre este tipo de técnicas en medios escolares: en unas 370 escuelas inglesas, cientos de niños y adolescentes se iniciarán en las técnicas de relajación y de respiración, así como en la meditación, para mejorar su bienestar y su salud mental y aprender a regular sus emociones.

En el documental *Vers un monde altruiste* (*véase* Recursos), el neurocientífico Richard Davidson, del Centro para una Mente Sana de la Universidad de Winsconsin, habla de sus experimentos en escuelas preescolares de Madison en las que se utilizan técnicas de meditación para desarrollar las capacidades de cooperación y de expresión de la gratitud. Considera que enseñar prácticas de amabilidad a edades en las que el cerebro es particularmente plástico puede suponer una diferencia duradera en el tiempo. Y, de hecho, el programa dio sus frutos: ha permitido reducir los conflictos y aumentar los comportamientos de generosidad. Tras 12 semanas de práctica, los niños ya no sólo compartían cosas con su mejor amigo, sino también con el conjunto de sus compañeros: el círculo de los que se les parecían se había ampliado.

---

9. www.franceinter.fr/emissions/l-esprit-d-initiative/l-esprit-d-initiative-22-fevrier-2018

Música

Se dice que la música ablanda los corazones. Tal vez se deba a que desarrolla la empatía.

Citemos, por ejemplo, el Musikkindergarten, un jardín de infancia musical creado en 2005 en Berlín por el director de orquesta Daniel Barenboim. Para Nina Braune, su responsable pedagógica, «el objetivo no es hacer de ellos futuros músicos (del mismo modo que los hijos de músicos son escasos entre ellos). El objetivo es que continúen evolucionando con la música. Porque la música permite vivir mejor juntos. Si aprendemos a estar atentos a los sonidos, aprendemos a estar atentos a los demás, a descodificar mejor el lenguaje de las interacciones sociales, incluidos los sobreentendidos. Nada que ver con la magia. Esto se llama la empatía y se la debemos a la música».

Contar historias

Con mis hijos y mis nietos, siempre he tenido predilección por el momento en el que les contaba una historia o les leía un libro. Era un placer que he llevado a cabo durante mucho tiempo. Ahora sé que era también una manera de desarrollar su empatía hacia los demás, hacia las personas diferentes, las de otras culturas, de otros países... Para el psiquiatra Nicolas Georgieff, «contar historias permite ayudar a los niños a desarrollar su empatía, simplemente porque con esas historias se trabaja tanto la imaginación como la identificación; es decir, se generan cuestionamientos, reflexiones, puntos de vista y, por qué no, un pensamiento crítico divergente».

Jugar

Ciertos juegos (no competitivos) priorizan la solidaridad entre los jugadores, ya que permiten ganar todos juntos, y no unos frente a otros. Es el caso de todos los juegos conocidos como de cooperación.

Para la escuela, desde el parvulario al instituto de secundaria, Serge Tisseron ha creado el Juego de las tres figuras,[10] una actividad teatral denominada así en referencia a los tres personajes: el agresor, la víctima y el tercero, siendo este último un simple testigo, un deshacedor de agravios o un rescatador.

---

10. https://3figures.org/fr/

VI.

Dar muestras de empatía...

...nos hace felices

Experimentar empatía es una cosa, y obrar en consecuencia es otra. Pero suelen ir de la mano. Y la experiencia muestra que, lejos de ser personas masoquistas y sacrificadas, las que dan muestras de empatía a fin de cuentas son más felices.

Para que se haga patente, deseo proponer un experimento que se realizó en Estados Unidos.[1]

1. Elizabeth W. Dunn *et al.*: «Spending Money on Others Promotes Happiness», https://greatergood.berkeley.edu/images/application_uploads/norton-spendingmoney.pdf

Experimento

Elizabeth W. Dunn, de la Universidad de Columbia Británica, para empezar, les pidió a los participantes que indicasen su renta anual y la naturaleza de sus gastos (facturas, regalos personales, regalos para otros, donaciones y acciones de caridad), así como su nivel de felicidad. Los resultados mostraban que el sentimiento de felicidad no estaba estrechamente relacionado con el importe dedicado a los gastos personales, sino que era proporcional al importe que se gastaba en beneficio de otros.

En otra fase, a los participantes se les entregaban 5 o 20 dólares, que podían gastarse en sí mismos o en otros. El nivel de felicidad referido por los sujetos no estaba vinculado a la cantidad que se recibía, sino a la manera en que la habían gastado: el hecho de haber dedicado una parte a los demás producía satisfacción.

...ayuda a los alumnos a aprobar

Un estudio realizado durante diez años por tres universidades finlandesas[2] y que ha seguido el recorrido de varios miles de niños, mostró que los alumnos aprueban más en todas las asignaturas y en todos los niveles de estudios cuando sus profesores dan muestras de empatía. Esto influye más en

2. Pakarinen, E. *et al.*: «The cross-lagged associations between classroom interactions and children's achievement behaviors», *Contemporary Educational Psychology*, 39, 2014, págs. 248-261.

los resultados escolares que el número de alumnos por clase o la calidad de las herramientas pedagógicas utilizadas.

¡Tal vez sea ése uno de los secretos del éxito del modelo finlandés en materia de enseñanza!

... mejora las relaciones cuidadores/cuidados

Un gran número de personas denuncia la falta de empatía de los profesionales de la salud. Y es cierto que no sólo no se imparten «clases de empatía» durante los estudios médicos, sino que durante dichos estudios, y después, todo está organizado para destruir la capacidad de empatía que podrían tener esos profesionales: estudiar sólo para aprobar, la competición entre pares, la focalización en el órgano y el síntoma antes que en la persona completa, la multiplicación de las acciones, etc.

Experimento
Un reciente estudio[3] realizado con 1602 estudiantes de medicina de la ciudad de Lieja (Bélgica) ha confirmado, por desgracia, estos hechos.[4]

---

3. Estudio presentado en el Congreso del Encéfalo, París, 23-25 de enero de 2019: Triffaux J. M. *et al.*: «Decline of empathy among medical students: Dehumanization or useful coping process?», *L'Encéphale*, junio de 2018.
4. «Les étudiants en médecine de moins en moins empathiques?», 1 de febrero de 2018, www.egora.fr/actus-medicales/psychiatrie/461/0-les-etudiants-en-medecine-de-moins-en-moins-empathiques

El equipo de psicología médica del P. Jean-Marc Triffaux ha observado que, mientras estos estudiantes presentan marcadores de empatía muy elevados en el inicio absoluto de su formación (marcadores de más de 75 en los chicos y de más de 80 en las chicas, según la Basic Empathy Scale), «lo que permite pensar que los estudiantes de medicina presentan un perfil altruista más pronunciado» que, por ejemplo, los estudiantes de las escuelas de comercio, después todo disminuye. En el último año, los marcadores de empatía son mucho peores (pero siguen siendo más elevados en las chicas que en los chicos).

Para el investigador, esto «podría estar relacionado con el clima de intensa competición y de estrés al que se somete a los estudiantes de medicina a lo largo de sus estudios», y que desemboca en un «proceso de deshumanización».

Para contrarrestar este proceso, ahora existen programas destinados a desarrollar esa empatía tan necesaria para la propia calidad de los cuidados. Por ejemplo, el programa NURSE,[5] que significa:

– *Name*: nombrar la emoción expresada por el paciente;
– *Understand*: comprenderla, expresarla;

---

5. Black, A. L. *et al.*: «Approaching Difficult Communication Tasks in Oncology», *Cancer journal for Clinicians*, 55 (3), 2009, págs. 164-177, https://onlinelibrary.wiley.com/doi/full/10.3322/canjclin.55.3./64

- *Respect*: respetar, dar valor;
- *Support*: acompañar, estar presente;
- *Explore*: pedir precisiones, mostrar interés.

Ciertas facultades de medicina, como la de Sorbonne Université desde 2012, imparten cursos de escucha en los que tienen que participar todos los alumnos durante la carrera.[6] Para el profesor Flamand-Roze, neurólogo en esa facultad, la empatía tiene que poder aprenderse ya en el segundo año. Un estudio ha demostrado que una mala escucha de los médicos reducía la eficacia de una consulta: «Cuando los pacientes se quejan de su médico, se quejan de que no se les escucha o de que no se habla con ellos lo suficiente. [...] Rara vez se quejan de su competencia. En la práctica, la empatía tiene que permitirle al paciente explicar bien lo que siente, tener confianza y aumentar la eficacia de los procesos terapéuticos, porque uno abraza mejor el tratamiento propuesto por un médico en el que tiene confianza».

... es la base del *care*

El concepto de *care*, aparecido en Estados Unidos a principios de la década de 1980, llegó a Francia a principios de los años 2000 y fue divulgado en 2010 por Manine Aubry, cuando habló de él en su proyecto de «sociedad del cuidado mutuo».

---

6. «Médecine: l'empathie, ça s'apprend!», www.allodocteurs.fr/se-soigner/professions-medicales/etudes-de-medecine-lempathie-ca-sapprend_25548.html

Se puede definir como una respuesta a las numerosas necesidades de las personas vulnerables (enfermos, discapacitados, niños, ancianos, etc.), ofrecida tanto por las personas más próximas como por profesionales.

Para la filósofa política Joan Tronto, el trabajo del *care* comporta cuatro fases:

En primer lugar, reconocer que hay una necesidad, lo cual moviliza la atención («to care about») y la solicitud, la empatía («to care for»), respecto a la persona vulnerable.

En segundo lugar, decidir responder a la necesidad advertida y organizar la respuesta («to care of»), lo cual moviliza el sentido de la responsabilidad respecto a la persona vulnerable.

En tercer lugar, cuidar («to give care») a la persona vulnerable mediante un trabajo concreto realizado con ella.

En cuarto lugar, verificar con la persona vulnerable que su necesidad se ha identificado bien y que la respuesta se ha organizado y después realizado («to receive care») de manera correcta, lo cual moviliza atención, empatía y solicitud.

Como vemos, de principio a fin, la empatía es necesaria para la realización del *care*.

Los cuidados de los mayores

Hemos visto que, en todos los tiempos, incluso desde la prehistoria, la empatía se manifestaba mediante el cuidado de las personas vulnerables: heridos, enfermos, discapacitados, ancianos, etc. Cuando de manera regular los medios se hacen eco de graves negligencias y

> malos tratos en los EHPAD,[7] es urgente desarrollar la capacidad de empatía del personal hacia las personas a las que cuidan.
>
> Ciertos centros lo han comprendido bien y están trabajando en ello. Es el caso de más de 200 EHPAD que se han formado en la «humanidad», un enfoque de los cuidados basado en la adaptación del cuidador al paciente, al que siempre se le debe considerar una persona.[8]

... permite la ayuda mutua en caso de catástrofe

Al contrario de lo que suele escucharse, cuando se producen catástrofes, los seres humanos se muestran mucho más colaboradores de lo que imaginamos, como subrayan los estudios del Centro de Investigación de Catástrofes de la Universidad de Delaware. Durante el huracán Katrina en Nueva Orleans, las escenas de saqueo fueron marginales, aunque salieran en portada de los medios, porque son más espectaculares que todas las escenas de ayuda mutua que se produjeron. Para Tricia Wachtendorf, directora de ese Cen-

---

7. Estas siglas son el acrónimo de Établissements d'Hébergement pour les Personnes Âgées Dépendantes (centros de alojamiento para mayores dependientes). (*N. de la T.*)

8. www.actusoins.com/291976/lhumanitude-soin-a-hauteur-dhomme-html. Véase la película difundida por France 5 en 2017, *Et guérir de tendresse*, filmada en un EHPAD de Saboya.

tro, «tras un desastre hay muchos más comportamientos de ayuda mutua que comportamientos antisociales».[9]

Para el investigador Mehdi Moussaid, «espontáneamente, somos empáticos y colaboradores, en particular en las situaciones de urgencia, como ha constatado un sociólogo inglés que ha estudiado varias catástrofes recientes, como la del 11 de septiembre. Más de 10.000 personas tuvieron que bajar a pie hasta noventa plantas bajo la amenaza de un derrumbe inminente, y los testimonios y el estudio de la duración de las evacuaciones revelan que dieron muestras de una gran solidaridad».[10]

…mejora las relaciones sociales en general

Para Olivier Maurel, y estoy de acuerdo con él, la empatía, un «formidable medio de comunicación y de conocimiento de las emociones, es, sobre todo, y probablemente, el único freno eficaz para los posibles desbordamientos de la violencia defensiva, y, por consiguiente, un medio de regulación de la vida social».[11]

Existen en todo el mundo múltiples iniciativas que se apoyan en la capacidad de empatía para desarrollarla y mejorar las relaciones sociales. Ya hemos visto lo que ocurría en ciertas escuelas. Pero lo que reside en la empatía y en nuestra capacidad para movilizarla es toda nuestra vida en sociedad, e, incluso, nuestra supervivencia…

---

9. *Vers un monde altruiste?*
10. Entrevista en *L'Obs*, 2 de mayo de 2019, pág. 73.
11. *Peps magazine*, n.º 21, 2018.

Conclusión

¡Darwin no era darwinista!

Cuando pensamos en Darwin, solemos pensar en «selección natural», «ley de la jungla», «que cada uno se cuide a sí mismo», «ley del más fuerte». En realidad, eso es «darwinismo social», o *spencerismo*, según el apellido de Herbert Spencer, un sociólogo para el cual «la lucha por la vida entre los hombres era el estado natural de las relaciones sociales».[1]

Pero ésa no era la idea de Darwin, quien, en su libro *La filiación del hombre* (1871), insistía, por el contrario, en la extensión, en el ser humano, «de los afectos "simpáticos", la amplificación de las conductas solidarias y cooperativas, la prolongación de la duración de los cuidados prodigados a los descendientes y la complejidad y la regulación de la actividad social. [...] Ahí donde la selección natural elimina, la civilización protege», y Darwin da múltiples ejemplos de ello en *La filiación del hombre*: «[...] auxilio a los

---

1. https://fr.wikipedia.org/wiki/Darwinisme_social

desheredados, tratamiento a los enfermos, ayuda y asisten-
cia a los lisiados, esfuerzos desplegados en todos los ámbitos
para "frenar la marcha de la eliminación"». Porque, escribe,
«no podríamos poner obstáculos a nuestra simpatía, incluso
bajo la presión de una razón implacable, sin atentar de modo degradante a la parte más noble de nuestra naturaleza».[2]

En ese libro, Darwin escribía: «A medida que avanza el
hombre en civilización y que las pequeñas tribus se van re-
uniendo en comunidades más amplias, la razón más simple
debería advertir a cada individuo que debe extender sus ins-
tintos sociales y sus simpatías a todos los miembros de una
misma nación, incluso si personalmente le resultan desco-
nocidos. Una vez alcanzado ese punto, ya no queda más que
una barrera artificial que pueda impedir a esas simpatías
extenderse a los hombres de todas las naciones y de todas las
razas».

Sí, Darwin pensaba, en efecto, que la empatía hacia los
seres «próximos» debía extenderse a los «otros», a todos los
seres humanos. E incluso a los animales, puesto que también escribía: «La simpatía llevada más allá de la esfera del
hombre, es decir, el sentimiento de humanidad hacia los
animales inferiores, parece ser una de las adquisiciones mo-
rales más recientes. [...] Esta virtud, una de las más nobles
de las que está dotado el hombre, parece provenir tangen-
cialmente del hecho de que nuestras simpatías se están vol-
viendo más delicadas y se difunden más ampliamente, hasta
que se hayan extendido a todos los seres sensibles».

---

2. Giol, C.: «Pour Darwin, la solidarité définit la civilisation», *L'Obs*, 29 de julio
de 2018, www.nouvelobs.com/le-pouvoir-de-la-bienveillance/20180719.
OBS9937/pour-darwin-la-solidarite-definit-la-civilisation.html

Me gustaría concluir con otra cita del sociólogo y filóso-fo Zygmunt Bauman,[3] quien desea ardientemente el adve-nimiento de una «conciencia cosmo-política» que «tenga como rasgos característicos abrir las puertas de par en par e invitar a la unión y a la cooperación. Consiste en abandonar toda lógica de designación de un "enemigo", así como la mentalidad del "extranjero un día, extranjero siempre", que está en la base de la división del "nosotros contra ellos". El reto de nuestro tiempo consiste, pues, en concebir (por pri-mera vez en la historia humana) una integración que no se apoye en la idea de separación. […] Es que, en efecto, ya no podemos elegir. Nosotros (habitantes humanos de la Tierra) nos encontramos hoy, y como nunca, en una situación per-fectamente clara, en la que la cuestión reside en elegir entre dos cosas: la cooperación a escala del planeta o las fosas co-munes».

¡A nosotros, los padres, nos toca guiar a la nueva ge-neración por la vía de la cooperación desarrollando su empatía hacia todos los seres vivos!

---

3. Entrevista en *L'Obs*, 21 de marzo de 2019.

Recursos

Libros

Cornette de Saint-Cyr, X.: *L'empathie, un chemin vers la bienveillance.* Jouvence, 2017.

Hauser, M.: *À quoi pensent les animaux.* Odile Jacob, 2002.

Mancuso, S.; Viola, A.: *L'Intelligence des plantes.* Albin Michel, 2018.

Maurel, O.: *Oui, la nature humaine est bonne! Comment la violence éducative ordinaire la pervertit depuis des millénaires.* Robert Laffont, 2009.

Patou-Mathis, M.: *Préhistoire de la violence et de la guerre.* Odile Jacob, 2013.

—: «Le pouvoir de la bienveillance», número especial de *L'Obs,* 2018.

Rifkin, J.: *Une Nouvelle conscience pour un monde en crise: Vers une civilisation de l'empathie.* Actes Sud, 2012.

Rizzolatti, G.; Sinigaglia, C.: *Les neurones miroirs.* Odile Jacob, 2007. (Trad. cast.: *Las neuronas espejo: los mecanismos de la empatía emocional.* Paidós, 2006).

Servigne, P. y Chapelle, G.: *L'Entraide. L'autre loi de la jungle.* Les liens qui libèrent, 2017.

SUNDERLAND, M.: *La Science de l'enfant heureux.* De Boeck, 2017.

TISSERON, S.: *Empathie et manipulations.* Albin Michel, 2017.

TORT, P.: *L'effet Darwin. Sélection naturelle et naissance de la civilisation.* Seuil, 2008.

WAAL, F.: de *L'Âge de l'empathie: lessons de nature pour une société plus apaisée,* Les Liens qui libèrent, 2010. (Trad. cast.: *La edad de la empatía: lecciones de la naturaleza para una sociedad más justa y solidaria.* Ediciones Tusquets, 2011).

—: *Le Bonobo, Dieu et nous: à la recherche de l'humanisme chez les primates.* Les Liens qui libèrent, 2013. (Trad. cast.: *El bonobo y los diez mandamientos. En busca de la ética entre los primates.* Ediciones Tusquets, 2013).

—: *La Dernière Étreinte. Le monde fabuleux des émotions animales… et ce qu'il révèle de nous.* Les Liens qui libèrent, 2018.

WOHLLEBEN, P.: *La Vie sécrète des arbres. Ce qu'ils ressentent, comment ils communiquent.* Les Arènes, 2017. (Trad. cast.: *La vida secreta de los árboles: descubre su mundo oculto: qué sienten, qué comunican.* Ediciones Obelisco, 2016).

Una revista para los pequeños

Les petits pas d'Empathie, lespetitspasdempathie@gmail.com

Podcasts

Varias emisiones de Jean-Claude Arneisen (*Sur les épaules de Darwin,* France Inter); «Lire les corps» (14 de julio de 2018); «S'imaginer à la place de l'autre» (21 de julio de 2018), «Ressentir et comprendre» (4 de agosto de 2018), «Ressentir, innover et transmettre» (11 de agosto de 2018), «Le partage des émotions» (18 de agosto de 2018), «Visages» (25 de agosto de 2018).

Películas

BEAUCHÉ, G.: *Héroïques,* 2018, www.film-documentaire.fr/4DACTION/w_fiche_film/54696_1
Comprender los orígenes del altruismo y de la compasión en el cerebro humano, lo que hace que podamos arriesgar nuestra vida para salvar la de otros a los que no conocemos.

DORDEL, J.; TOLKE, G. y ROELOFFS, J.: *L'intelligence des arbres. Comment les arbres communiquent et prennent soin les uns des autres,* documental, 2017.

—: *Enseigner l'empathie à l'école pour apprendre le sens de l'autre,* Academia de Versailles, http://video.crdp.ac-versailles.fr/webtv/1100/1 18 1_empathie.mp4

GILMAN, S. y LESTRADE, TH. DE,: *Vers un monde altruiste?,* Via Découvertes Production, 2015, https://boutique.arte.rv/detail/vers_un_monde_altruiste

INSERM: *Les neurones miroirs,* animación de 2'33, https://youtu.be/sRdU1O3qdak

LUMBROSO, V.: *Entre toi et moi, l'empathie,* Flair Production, 2015.

PONCINS, M. D.: *Je suis donc tu es,* Nikon Film Fetival, 2018. Vivir juntos resumido en 2'20.

Un jour sur la Terre. L'empathie, https://m.youtube.com/watch?v=otxGLQnlm4g

Vídeo que muestra diferentes ejemplos de cooperación entre especies. 10'50.

Vice-versa, largometraje de animación de los estudios Disney, realizado en imágenes de síntesis por Pete Docter, 2015. Inmersión en el cerebro de una niña pequeña, en el que pequeños personajes encarnan sus diferentes emociones (alegría, tristeza, miedo, ira y asco), todo el prisma empático.

Índice

El alimento para sustentar el cuerpo y las caricias para alimentar el alma ni se ofrecen ni se niegan, sino que siempre están disponibles. Ofrecer a un niño más o menos ayuda de la que pide es perjudicial para su desarrollo. A la luz del principio del concepto del continuum, para un adecuado desarrollo físico, mental y emocional, los seres humanos necesitamos de aquellas experiencias para las que nuestra especie se ha adaptado durante el largo proceso de evolución. Para un bebé, este tipo de experiencias incluyen:

- Contacto físico permanente con la madre, un familiar o cuidador o cuidadora desde el nacimiento.
- Dormir en la cama de sus padres hasta que el bebé deje de necesitarlo por sí mismo, lo que ocurre alrededor de los dos años.
- Lactancia materna a demanda en respuesta a las señales corporales del bebé.
- Estar permanentemente en brazos o en contacto físico con alguna persona hasta que comience la fase de arrastre y gateo, en torno a los seis u ocho meses.
- Contar con cuidadores dispuestos a atender de inmediato las necesidades del bebé sin emitir juicios, mostrar descontento ni invalidar sus necesidades.